Alfred Wilhelm Stelzner

Die Granite von Geyer und Ehrenfriedersdorf

sowie die Zinnerzlagerstätten von Geyer

Alfred Wilhelm Stelzner

Die Granite von Geyer und Ehrenfriedersdorf
sowie die Zinnerzlagerstätten von Geyer

ISBN/EAN: 9783743435216

Hergestellt in Europa, USA, Kanada, Australien, Japan

Cover: Foto ©berggeist007 / pixelio.de

Weitere Bücher finden Sie auf **www.hansebooks.com**

BEITRÄGE
ZUR
GEOGNOSTISCHEN KENNTNISS
DES ERZGEBIRGES.

AUF ANORDNUNG

DES

KÖNIGL. SÄCHS. OBERBERGAMTES

AUS DEM

GANGUNTERSUCHUNGSARCHIV

HERAUSGEGEBEN

DURCH

DIE HIERZU BESTELLTE COMMISSION.

I. HEFT.

FREIBERG.
IN COMMISSION BEI CRAZ & GERLACH (R. MÜNNICH).
1865.

DIE GRANITE

VON

GEYER UND EHRENFRIEDERSDORF

SOWIE

DIE ZINNERZLAGERSTÄTTEN VON GEYER.

VON

ALFRED WILHELM STELZNER.

MIT 3 TAFELN UND 2 HOLZSCHNITTEN.

FREIBERG.
IN COMMISSION BEI CRAZ & GERLACH (R. MÜNNICH).
1865.

Vorwort.

Seit einer längeren Reihe von Jahren sind auf Anordnung des Königl. Sächsischen Oberbergamtes zu Freiberg, unter der Leitung einer, zur Zeit aus Oberbergrath Reich, Oberbergrath Breithaupt, Bergrath von Cotta, Bergrath Scheerer und Obereinfahrer Müller zusammengesetzten Commission, durch geeignete Bergbeamte, Bergwerkscandidaten oder Bergakademisten geognostische Specialuntersuchungen über die Erzlagerstätten einzelner Gruben oder ganzer Bergreviere des Erzgebirges ausgeführt worden, welche zunächst einen bergmännisch-praktischen Zweck, die Ermittelung der Gesetze, nach welchen die Vertheilung der Erze, insonderheit der bauwürdigen Erzmittel auf den verschiedenen Lagerstätten, stattgefunden, verfolgten, sodann aber auch die Erlangung einer genaueren geognostischen und mineralogischen Kenntniss der betreffenden Gruben und Reviere überhaupt zur Aufgabe hatten. In den hierüber gelieferten Arbeiten hat sich ein reiches Material neuer Beobachtungen und Darstellungen angesammelt, deren vollständige oder auszugsweise Veröffentlichung schon früher wünschenswerth erschien, um dadurch sowohl zur allgemeineren Verbreitung und Nutzbarmachung der gewonnenen Resultate beizutragen, als auch zu deren Prüfung und weiterer Verfolgung anzuregen. Leider stiess diese, bisher zum Theil in den „Gangstudien" erfolgte Veröffentlichung in der Kostspieligkeit der unentbehrlichen, oft umfänglichen kartographischen Ausstattung der betreffenden Abhandlungen auf mehrfache Schwierigkeiten, welche aber das Königliche Oberbergamt nunmehr durch die neuliche Anordnung gehoben hat, dass die zum Drucke geeigneten Arbeiten des Ganguntersuchungsarchivs zu Freiberg auf Kosten des dasigen Ganguntersuchungsfonds in zwanglosen Heften nach und nach veröffentlicht werden sollen. Dem zu Folge wird mit vorliegendem 1. Hefte die neue Reihe von Beiträgen zur geognostischen Kenntniss des Erzgebirges eröffnet.

Freiberg, im Januar 1865.

Die Ganguntersuchungscommission.

Vorrede des Verfassers.

Die nachfolgende Abhandlung ist der geologische Theil — die Einleitung — einer grösseren bergmännischen Arbeit, die, als ich sie im Winter 1863 niederschrieb, nicht für die Öffentlichkeit bestimmt war. Ihre Drucklegung ist vielmehr erst später von Seiten des Königlichen Oberbergamtes beschlossen worden. Wenn mich dieser Umstand der Verpflichtung überhebt, die Motiven der Veröffentlichung meinerseits hervorzuheben, so kann ich doch einige anderweite Bemerkungen nicht unterdrücken, die zur Beurtheilung der Arbeit selbst und zu deren Verständniss beitragen möchten.

Die in der Arbeit niedergelegten eigenen Beobachtungen wurden während einer vierwöchentlichen Untersuchung der Umgegend von Geyer und Ehrenfriedersdorf gesammelt; bei den geologischen Aufnahmen wurden die bergamtlichen Verleibkarten (1:12000) benutzt.

Capitel I. giebt nur den für das Folgende nothwendigsten Auszug aus den a. a. O. ausführlicher beschriebenen Verhältnissen des Schiefergebirges; Capitel II. und III. entsprechen dagegen mit Ausnahme weniger Veränderungen und Zusätze dem ursprünglichen Wortlaute. In beiden Abschnitten sind ausser eigenen Beobachtungen auch zahlreiche ältere, theils in verschiedenen Zeitschriften veröffentlichte, theils im Archive des Bergamtes Marienberg als Manuscript vorhandene Arbeiten benutzt worden; und wenn auch eine eingehende Zusammenstellung aller dieser älteren Abhandlungen ausserhalb des Zweckes lag, so hoffe ich doch, keine wichtigere derselben übersehen und keine irgend wichtigere ältere Angabe und Beobachtung vernachlässigt zu haben. Dagegen bedaure ich, dass auf einige neuere Ansichten und Arbeiten, die in der zwischen der ersten Niederschrift und der gegenwärtigen Herausgabe liegenden Zeit veröffentlicht worden sind und welche zu dem wissenschaftlichen Theile der vorliegenden Abhandlung in mehr oder weniger naher Beziehung stehen, keine Rücksicht mehr genommen werden konnte: so namentlich auf diejenigen Ideen, welche Bischof in der neuen Auflage seiner Geologie (Bd. II.) über die Genesis der Granite entwickelt hat, dann auch auf die Zweifel, welche von Herrn Professor Fischer über die Existenz von echten Fragmenten in festen krystallinischen vulkanischen (also doch wohl auch plutonischen) Gebirgsarten ausgesprochen worden sind. Die folgenden Blätter werden hoffentlich dazu beitragen, diese Zweifel zu heben.

Capitel IV. gelangt zu Resultaten, welche geeignet scheinen, die bisherigen Anschauungen über die Entwickelungsgeschichte der Zinnerzlagerstätten zu vervollständigen. Da sich diese Resultate auf eine Vielzahl von Beobachtungen gründen, so glaubte ich dieselben in einer präcisen Form aussprechen zu können, ohne mir dadurch den Vorwurf der Leichtfertigkeit im Aufstellen neuer Hypothesen zuzuziehen. Es ist allerdings möglich, ja ich glaube sogar, es ist zu erwarten: dass durch fortgesetzte sorgfältige Beobachtung die von mir scharf und bestimmt hingestellte Entwickelungsreihe der Mineralien der Zinnerzformation durch mancherlei Ausnahmsfälle beeinträchtigt werden und ihre ursprüngliche Einfachheit verlieren wird. Im Besonderen wird es sich wahrscheinlich herausstellen, dass die Bildungsperiode irgend eines Gliedes g der Reihe nicht erst nach völligem Abschluss derjenigen von f, sondern schon kurz vor dem Ende der letzteren begonnen hat, und ebenso auch ein Stück in die Entwickelungszeit von h hineinreicht. Diese und andere Correkturen erfordern jedoch mehr Material, als den Untersuchungen des Einzelnen zu Gebote steht, und so musste ich mich damit begnügen, auf eine bisher unbeachtet gebliebene Thatsache aufmerksam zu machen und zu ihrem weiteren und genaueren Studium die Anregung zu geben.

Freiberg, im April 1865.

Alfred Stelzner.

I.

Allgemeine geognostische Verhältnisse der Umgegend von Geyer.

Die beiden erzgebirgischen Bergstädte Geyer und Ehrenfriedersdorf liegen inmitten eines Glimmerschiefergebietes, welches sich, gleich einem breiten Bande, zwischen Gneiss und Thonschiefer hinzieht. Der Gneiss schliesst sich in SO., der Thonschiefer in NW. an. Die drei Gesteine sind unter sich abgegrenzt durch Linien, die im Kleinen bald etwas aus- oder eingebogen sind, im Grossen aber einen Verlauf von SW. nach NO. recht deutlich erkennen lassen. Berücksichtigt man im Verein hiermit, dass alle drei Schiefergesteine innerhalb der umliegenden Gegend ebenfalls und zwar fast ausnahmslos ein NO. Streichen bei NW. Einfallen haben, so ergiebt sich, dass der graue Gneiss das Liegende bildet, dass auf ihm der Glimmerschiefer und auf diesen wieder, im Hangenden, der Thonschiefer folgt.

Das **Glimmerschiefergebiet** scheint im Allgemeinen ziemlich einförmiger Natur zu sein; es wird nur lokal von einigen Graniten durchbrochen, ausserdem finden sich in ihm einige kleine insulare Partieen von rothem Gneiss, so wie einige Kalkstein- und Grünsteinlager, von welchen die letzteren zum Theil erzführend sind. Indessen diese Einförmigkeit verliert sich bald, wenn man das Gebiet in petographischer Beziehung untersucht; dann gliedert sich der Schiefer sofort in eine Menge von Varietäten, veranlasst bald durch Veränderungen in der Verbindungsweise der constituirenden Mineralien, bald durch Schwankungen des gegenseitigen Verhältnisses. in welchem sich die einzelnen Gemengtheile an der Zusammensetzung betheiligen, bald wieder durch allmäliges Hinzutreten und stetiges Ueberhandnehmen accessorischer Gemengtheile. Meist entbehren die so entstehenden Varietäten einer scharfen Abgrenzung; durch den letzterwähnten Umstand aber werden sogar ganz unmerkliche Uebergänge des Glimmerschiefers in Gneiss und Thonschiefer veranlasst, indem entweder anfangs isolirte und porphyrartig im Glimmerschiefer auftretende Feldspathkörner mehr und mehr an Häufigkeit zunehmen, oder indem der Glimmer nicht nur den Quarz zu überwiegen anfängt und diesen schliesslich ganz verdrängt, sondern zugleich hiermit auch die reine, individualisirte Ausbildung, die ihm im Glimmerschiefer eigen war, einbüsst und eine dickblättrige, unelastische Natur bei graugrüner Farbe annimmt.

Für den Charakter des eigentlichen Glimmerschiefers sind namentlich Form und Stärke der Quarzlagen massgebend, die das Gestein zugleich mit den zwischenliegenden und der Quarzoberfläche sich innig anschliessenden Glimmerlamellen constituiren. Die in der vorliegenden Gegend am meisten verbreitete Varietät ist sehr quarzreich, überaus grobwellig und dickschiefrig; die grossen zusammenhängenden Glimmermembranen sind silberweiss, oft etwas gelblich oder röthlich gefärbt. In mittelwelligen Varietäten nimmt der Glimmer gewöhnlich eine mehr blaugraue Farbe mit einem Stich in's grünliche an; in anderen, sehr eben- und dünnschiefrigen Varietäten, die in schönen, grossen Platten spalten, lösen sich die grossen Membranen zu kleinen Schuppen auf, das Gestein wird flasrig, kleine schwarze Glimmerblättchen gesellen sich hinzu, und verdrängen wohl sogar den lichten Glimmer gänzlich, so dass ein dem ersten Anschein nach manchem Gneisse sehr ähnliches Gestein entsteht.

Es kann erwähnt werden, dass die Schichtung jederzeit mit der planen Parallelstructur correspondirt.

Unter den accessorischen Gemengtheilen verdient zunächst Granat, dann aber Feldspath Erwähnung. Der erstere findet sich jederzeit in ringsum ausgebildeten Krystallen (D, die Kanten gewöhnlich durch $1/2$ J. abgestumpft), deren Grösse

z. Th. von der Fein- oder Grobschiefrigkeit des Muttergesteines abzuhängen scheint, überhaupt aber zwischen der eines Hirsekornes und einer Erbse schwankt. Der Granat bietet in manchen Fällen ein willkommenes Hilfsmittel zur Grenzbestimmung zwischen Glimmer- und Thonschiefer, da er dem letzteren gänzlich zu fehlen scheint. Dem Granat analog tritt Feldspath auf. Mitten in unzweifelhaften Glimmerschieferregionen trifft man zuweilen Gesteine, in denen sich zwischen den Quarz- und Glimmerlamellen, mehr oder weniger zahlreich, höchst vollkommen krystallinische Feldspathkörner eindrängen, die stets ringsum ausgebildet, wohl nie mit Quarz und Glimmer gemengt oder verwachsen sind. Ihre Grösse schwankt ebenfalls zwischen der eines Hirsekorns und einer Erbse. Die Quarz- und Glimmerlagen bleiben ununterbrochen und ziehen sich um diese Körner ebenso bogenförmig herum, wie um die mit vorkommenden Granaten. Jedenfalls gehört der Feldspath einer orthoklastischen Species an. Uebergänge dieses feldspathhaltigen Gesteins in echten Glimmerschiefer kommen sehr oft vor, indem ganz einfach die Feldspathkörner spärlicher und spärlicher werden und endlich ganz verschwinden. Handstücken reichen aus, um das zu zeigen. Allmälige Uebergänge in echten Gneiss gehören dagegen zu den selteneren Erscheinungen; die vereinzelten Feldspathkörner werden häufiger, die Quarzlagen werden dadurch körnig, lösen sich auf, und die nun aus doppeltem Grunde körnige Textur der Schieferungsflächen bewirkt, dass die anfangs zusammenhängenden, grossblättrigen Glimmermembranen sich zu Flasern zertheilen. Der lichte Glimmer des Glimmerschiefers wird dabei ganz unvermerkt durch den schwarzen oder braunen des Gneisses verdrängt. Am linken Gehänge des Geyer'schen Thales, von Siebenhöfen an abwärts bis gegen Tanneberg, kann man auf diese Weise Schritt für Schritt den Uebergang aus normalem Glimmerschiefer in unzweifelhaften grauen Gneiss verfolgen, dabei aber allerdings auch beobachten, dass das feldspathhaltige Zwischengestein sehr lange Zeit den Glimmerschiefercharakter beibehält und erst ganz nahe der Grenze den des Gneisses annimmt.

Man wird übrigens dieses Gestein, mit den Gemengtheilen des Gneisses, demnach richtiger als **feldspathhaltigen Glimmerschiefer** zu bezeichnen haben, denn einmal gleicht, wie gesagt, sein Gesammthabitus für gewöhnlich dem des Glimmerschiefers vollkommen, die Feldspath-Krystalle liegen porphyrartig inne und bewahren sich den accessorischen Charakter, während die ausgezeichnete und dem Gneisse fremde Lagentextur der anderen beiden Gemengtheile sich durch nichts von der des normalen Glimmerschiefers unterscheidet; ein anderes Mal wird die Unterordnung unter das letztgenannte Gestein auch durch das Auftreten im grossen Ganzen befürwortet.

Ein ganz analoges Verhältniss besteht zwischen Thonschiefer und feldspathhaltigem Thonschiefer, welcher letztere NO. von Geyer, bei Herold und Gelenau, sehr charakteristisch innerhalb eines Distriktes entwickelt ist, der auf Sect. XV. der geognostischen Karte von Sachsen irrthümlicher Weise mit der Glimmerschieferfarbe übergangen worden ist.

Wie Glimmer- in Thonschiefer, so gehen nun auch die feldspathhaltigen Varietäten beider in einander über; der feldspathhaltige Thonschiefer aber nimmt z. Th. ebenfalls gneissartigen Charakter an.

Der **rothe Gneiss** zeichnet sich in der untersuchten Gegend, von welcher auf Taf. I. der für die Folge wichtigste SW. Theil dargestellt ist, durch mehrere Eigenthümlichkeiten so vortrefflich aus, dass über die Selbstständigkeit dieses Gesteins kein Zweifel beikommen kann.

Er unterscheidet sich von den anderen krystallinischen Schiefern, wenigstens in dem vorliegenden Gebiete, einmal durch sein Auftreten in kleinen insularen Partieen, nächstdem durch seine überaus gleichförmige Gesteinsnatur, die nicht nur an sich von der der anderen Gneisse abweichend ist, sondern auch durch ihre, diesen gegenüber sehr auffällige Beständigkeit — sowohl für ein specielles Verbreitungsgebiet, als auch für das Gestein aller der einzelnen und vielfach zerstreuten Inseln — sich Beachtung erwirbt; endlich charakterisirt den rothen Gneiss seine scharfe Abgrenzung gegen die umlagernden Gesteine, dieselben mögen irgend welcher Art sein. Die sonst so gewöhnlichen und ganz allmäligen Gesteinsübergänge, die man bei den übrigen Gliedern des benachbarten Schiefergebirges so häufig beobachten kann, sucht man bei ihm vergeblich.

Der rothe Gneiss besteht seiner Hauptmasse nach aus einem fein- bis mittelkörnigen krystallinischen Gemenge von Feldspath und Quarz, dessen Färbung, trotz des verhältnissmässig hohen Quarzreichthums, dennoch von der speciellen Farbe des Feldspathes beeinflusst wird und deshalb bei frischen Gesteinen röthlichweiss, bei etwas verwitterten gewöhnlich gelblichbraun erscheint. In diesem Gemenge sind Glimmerblättchen von gelblich- oder grünlichweisser Farbe und überaus lebhaftem Perlmutterglanz schichtweise eingelagert; dieselben sind niemals zu Flasern verwebt, sondern jederzeit in einzelnen individualisirten Blättchen und Schuppen ausgebildet. Endlich ist zu erwähnen, dass den rothen Gneiss eine sehr vollkommen plattenförmige und höchst ebenflächige Zerklüftung auszeichnet, die jederzeit der Schieferung parallel ist.

Der für die Folge besonders wichtige NO. Theil der langausgezogenen Gneissinsel südlich von Geyer liess sich mit Hilfe der von mehreren Steinbrüchen gebotenen Entblössungen ziemlich scharf abgrenzen; die Grenzbestimmung des SW. Endes, so wie die der anderen beiden auf der Karte sichtbaren Inseln musste dagegen zum grössten Theil nach der Verbreitung von Feldsteinen erfolgen und können daher die entsprechenden Einzeichnungen in die Karte nur ein annäherndes Bild der wirklich bestehenden Verhältnisse geben.

Ein besonderes Interesse erwerben sich übrigens die besprochenen Inseln und die der nächsten Nachbarschaft (namentlich diejenigen am Krebsberge und im Pfarrholze bei Ehrenfriedersdorf) durch die Beziehungen, welche zwischen den Lagerungs- und Strukturverhältnissen des rothen Gneisses und denen des Glimmerschiefers bestehen: das Fallen und Streichen der Schichtungsstruktur ist nämlich in den nächstbenachbarten Gesteinen jederzeit ein und dasselbe. Wenn man nun auf Grundlage der umfassenden und eingehenden Untersuchungen der Neuzeit eine eruptive Bildung des rothen Gneisses zugeben. muss, so folgt aus diesen Thatsachen — die übrigens vollkommen mit den von anderen erzgebirgischen Gegenden durch Scheerer* beschriebenen übereinstimmen, — dass die Schichtung der krystallinischen Schiefer nur eine Schicht- oder Parallelstruktur ist, die sehr wahrscheinlich nicht durch innere, d. h. durch ursprüngliche Ablagerungs- oder Bildungsverhältnisse begründet, sondern als die Folge von Einwirkungen fremder Kräfte anzusehen ist.

Das ist keine neue Ansicht, es sind eben nur neue Thatsachen zu Gunsten einer alten Erklärungs- und Anschauungsweise.

II.
Der Granit im Schiefergebirge.

Der Granit, neben den krystallinischen Schiefern unstreitig das interessanteste und wichtigste Gestein der untersuchten Gegend, tritt in drei Stöcken auf: am Greifenstein, am Zinnberge und am Geyersberge. Da bald zu erwähnende Gründe mit hoher Wahrscheinlichkeit für einen unterirdischen Zusammenhang dieser drei Granitmassen sprechen, dieselben auch in ihrer mineralogischen Natur, wie in ihrem Verhalten zum umgebenden Schiefergebirge in vieler Beziehung völlig übereinstimmen, so sollen sie so weit als möglich gemeinschaftlich behandelt werden.

Die Lage dieser drei Inseln, so wie ihr Ausstreichen an der Gebirgsoberfläche, dürfte durch die Karte auf Taf. I. ziemlich genau wiedergegeben sein. Zur Erläuterung wird das Folgende genügen.

*) Die Gneusse des sächsischen Erzgebirges, in der Zeitschr. d. Deutsch. geolog. Ges. Bd. XIV. p. 23. &c.

Die **Granitinsel vom Greifenstein** ist in ihrem Centrum — das nebenbei bemerkt der höchste Punkt der ganzen Gegend ist* — durch freistehende, groteske Granitfelsen, so wie in unmittelbarer Nähe derselben durch Steinbrüche und Gruben vortrefflich aufgeschlossen. Ihre Abgrenzung nach Aussen kann sich dagegen fast nur nach den die bewaldeten Bergabhänge bedeckenden Rollblöcken richten und zwar wurde, weil zuweilen mehrfach eine Verbreitung dieser Blöcke über das den Granit umgebende Glimmerschieferland deutlich zu erkennen war (alte Zechenlöcher, Freudiger Bergmannsstolln), die Grenze überall da angegeben, wo sich neben den grossen Granitblöcken kleine Glimmerschieferfragmente im Erdboden einzustellen anfingen. Der Durchmesser des inselförmigen Granitgebietes schwankt etwa zwischen 300 und 500 Lachtern.

Die **Granitpartie vom Zinn- oder Ziegelsberg** liegt nördlich von Geyer, zwischen dem Schlegelsberge, dem Pechmännelgebirge und dem Knochen. Sie bildet gewissermassen die nördliche Vorlage des Knochens, denn dieser selbst besteht aus Glimmerschiefer, während man an seinem Fusse zahlreiche Granithalden, und in den angrenzenden Feldern überall Granitgruss findet. Dieser letztere, oft mehrere Fuss mächtig, wird zu baulichen Zwecken gewonnen. Es ist Granit, der in Folge tiefeingreifender Zersetzung sandartig zerfallen ist.

Anstehenden Granit beobachtet man nur am Mundloche des Stollns von Vereinigt Geschick und an der Elterleiner Strasse, dicht beim Geyerschen Schiesshause. Am letzteren Punkt ist das Gestein greissenartig.

Die Abgrenzung der Granitpartie nach Aussen lässt sich durch ringsum anstehende Glimmerschieferfelsen zwar nur indirekt, aber doch sehr scharf bestimmen. Das auf Section XV. der geognostischen Karte von Sachsen eingezeichnete Verbreitungsgebiet ist deshalb beträchtlich zu reduciren.

---

*) Die höchste Kuppe des Greifensteins liegt 2226 par. Fuss über dem Nordseespiegel.

Die dritte und kleinste Granitinsel, die am **Geyersberge**, ist das **Geyersche Zwitterstockwerk**. Ihr Umfang fällt genau mit den Rändern der Stockwerksbinge zusammen. Da sich der dritte Theil der vorliegenden Arbeit specieller mit diesem Granitstock zu beschäftigen haben wird, so soll, um Wiederholungen zu vermeiden, hier nur theilweise auf denselben Rücksicht genommen werden.

Diese drei, an der Gebirgsoberfläche deutlich von einander getrennten und deshalb inselförmig erscheinenden Granitstöcke hängen aber, wie schon gesagt, in der Tiefe höchst wahrscheinlich mit einander zusammen. Hierfür sprechen die folgenden Verhältnisse.

Am Greifenstein ist die Grenze zwischen Granit und Schiefer unter Tage gegenwärtig nur auf der Stollnsohle von Leyer Fdgr. aufgeschlossen und zwar hat man sie hier in etwa 160 Lr. südlicher Entfernung von ihrem beim neuen Freiwalder Richtschachte gelegenen Ausstreichen angefahren. Es folgt hieraus und weil der erstgedachte Punkt auf dem Stolln gegen 40 Lr. saiger tiefer liegt, als die Mündung des Richtschachtes, dass die Grenze, wenn auch vielleicht mit einzelnen Undulationen, im Allgemeinen doch nur sehr flach und nicht über 14° gegen Süd einfallen kann. Da, wo man sie auf dem Stolln selbst überfahren hat, fällt sie allerdings gegen 30° in Süd.

In dem am Westabhange des Ziegelsberges anstehenden Granit ist der Stolln von Vereinigt Geschick angesetzt. Dieser Stolln ist bei einer Streichrichtung von h. 3 — 4, 275 Lr. weit in's Feld getrieben und steht vom Mundloche an 269 Lr. ununterbrochen in Granit, die letzten 6 Lr. aber im Glimmerschiefer. Im Gegensatz hierzu sieht man über Tage nur in unmittelbarer Nähe des Mundlochs Granit anstehen und Granitgruss in den Feldern umherliegen; geht man nur wenige hundert Schritt an dem sanftansteigenden Gehänge in der Stollnrichtung hinauf, so findet man ohne Ausnahme nur Glimmerschieferbruchstücken in Feldern und auf Halden, und auf der Kuppe des Schlegelsberges, sowie am jenseitigen Abhange desselben, gegen das Greifenbachthal zu, steht dasselbe Schiefergestein allenthalben an.

Die Oberfläche des Granitstockes muss daher die Form einer äusserst flach gewölbten Kuppel haben, die sich nahe unter Tage hinzieht und endlich gegen Nord einfällt. Der Granit des Greifensteins fällt also gegen den Ziegelsberg, der Granit des Ziegelsberges aber gegen den Greifenstein ein; die nothwendige Folge hiervon ist, dass sich beide Granitmassen, die Beständigkeit jenes Verhaltens vorausgesetzt, in der Tiefe treffen und vereinigen müssen.

Dieser unterirdische Zusammenhang wird um so wahrscheinlicher, als in dem Gebirge zwischen beiden Inseln, speciell am Ostabhange des Schlegelsberges, einige kleine Granitgänge im Glimmerschiefer aufsetzen. Ich beobachtete einen solchen, $^3/_4$ Lr. mächtig, im Glimmerschiefer des rechten Greifenbachthalgehänges, zwischen den ehemaligen Hütten und Gahrisch. Andere sollen mit dem weiter thalabwärts angesessenen und gegen den Schlegelsberg zu getriebenen Stolln von Walte Gott überfahren worden sein. Man vergleiche auch Voss, in den Erläuterungen zu Sect. XV. der geognostischen Karte, p. 490.

Das auf Taf. I. gegebene Profil, welches bei Unverhofft Glück westlich von Geyer beginnt und sich über den Schlegelsberg und den Greifenstein bis in die Gegend von Jahnsbach hinzieht, wird daher den vorliegenden Verhältnissen entsprechen, doch ist erläuternd zu bemerken, dass die Höhen im Verhältniss zu den Horizontallängen grösser und dass daher die Neigungswinkel der Granitgrenzen gegen den Horizont steiler sind, als in Wirklichkeit.

Aber auch die Granitmasse des Zwitterstockwerkes hat allen Nachrichten zufolge eine kegelförmige, mit der Tiefe an Ausdehnung zunehmende Form; sie muss daher ebenfalls dem Ziegelsberggranit immer näher rücken und sich endlich mit ihm vereinigen.

Petrographische Beschaffenheit des Granites. Für alle Gesteine der drei Verbreitungsgebiete ist Glimmerarmuth das am meisten charakteristische Merkmal. Diese macht sich neben der sonst sehr mannigfaltigen und veränderlichen Gesteinsnatur (von Geyer allein beschrieb Blöde, Taschenb. f. d.

ges. Mineralogie 1816, 14 verschiedene Varietäten) überall geltend.

Nächstdem kann wohl eine klein- bis mittelkörnige, im einzelnen Falle überaus gleichförmige krystallinische Textur als herrschend angegeben werden, indessen gerade diese Eigenschaft ist weniger constant. Es sei gestattet, zunächst die einzelnen Gesteinselemente zu betrachten.

Quarz. Während dieser im gewöhnlichen Granit in lichten bis schwärzlichgrauen, abgerundeten oder eckigen Körnern auftritt, deren Durchmesser selten mehr als einige Linien betragen mag, findet er sich an einigen Punkten in der Form von erbsen- bis bohnengrossen Körnern porphyrartig in dem übrigens mittelkörnigen Gemenge eingewachsen (Greifenstein, Stockwerk). Ringsum ausgebildete Doppelpyramiden wurden nur ein einziges Mal in einem Granitporphyr angetroffen, der auf der Halde des Jungen Feilig umherlag.

Feldspath. Man kann zwei Specien sicher unterscheiden, die eine ist scheinbar orthoklastisch, die andere sehr deutlich plagioklastisch. Jene, von röthlichweisser bis fleischrother Farbe, ist sehr wahrscheinlich Breithaupt's Mikroklin, dessen Selbstständigkeit mit der Zeit denn doch allseitige Anerkennung finden dürfte; den Plagioklas möchte ich trotz der Bedenken, welche von gewichtiger Seite dagegen erhoben worden sind, dass Albit an der Zusammensetzung von Felsarten theilnimmt, für diesen halten. Die weisse oder blassrothe Farbe, namentlich aber der Umstand, dass wenigstens in Drusenräumen auskrystallisirter Mikroklin mit unzweifelhaftem Albit in paralleler Verwachsung gefunden wurde, und dass an eben diesen Stücken der Mikroklin schon ziemlich zersetzt, der plagioklastische Felsit aber noch ganz frisch war, sprechen in meinen Augen für die obige Annahme, die ihre sicherste Begründung allerdings von chemischer Seite aus erhalten würde.

Unter allen Umständen sind es aber zwei verschiedene Specien, welche die körnige Hauptgrundmasse constituiren, und zwar überwiegt bald die eine, bald die andere. An einzelnen Stücken des Greifensteingranites lässt fast jede der zahllosen kleinen Spaltungsflächen eine feine, aber sehr deutliche Parallelstreifung erkennen. Auch der Geyersche Stockwerksgranit zeigt beide Specien sehr scharf neben einander, nur ist hier der mehr körnige und fleischrothe, Mikroklin (Orthoklas?) vorwaltend, während der Albit in säulen- oder tafelartigen Individuen von weisser Farbe und sehr lebhaftem Glanze auftritt. Ganz analog ist die Zusammensetzung des Gesteins der nicht allzuentlegenen unterirdischen Granitkuppe von Aue (vergl. v. Cotta, Gangstudien I. pag. 42).

Neben demjenigen Feldspath, welcher einen Theil der krystallinisch-körnigen Gesteinsgrundmasse ausmacht, finden sich im Greifensteingranit zuweilen noch bis zollgrosse und ringsum ausgebildete Krystalle, die porphyrartig in jener inneliegen, oft zahlreich beisammen und dann mit ihren Längsdurchmessern parallel. Es sind Zwillings- und Vierlingskrystalle nach dem Bavenoer Gesetz, und ebendeshalb, wenn man Breithaupt folgt, Mikroklin. Fingerstarke Krystalle derselben Art ragen auch, wie schon beiläufig erwähnt wurde, in die allerdings seltenen Drusenräume hinein.

Grossblättriger, blass- bis fleischrother Feldspath nimmt endlich auch wesentlich Antheil an der Zusammensetzung des Stockscheiders, der, wie bald zu beschreiben, den Geyerschen Granit mantelförmig umlagert. Seinem specifischen Gewichte nach, das 2,54 und 2,55 gefunden wurde, ist es Orthoklas (2,53 2,58), den zu beobachtenden Verwachsungsgesetzen nach Mikroklin (2,58 -- 2,59). Die Gewichtsdifferenz beider Specien ist freilich so überaus gering, dass schon durch kleine Mengen einer eingesprengten fremden Substanz, oder durch einen nur wenig verwitterten Zustand Irrungen herbeigeführt werden können; man folgt deshalb wohl sicherer mit seinem Urtheil der Differenz in der Spiegelung.

Glimmer. Derselbe findet sich zwar in allen Gesteinsvarietäten, für gewöhnlich aber nur in ganz vereinzelten kleinen Blättchen. Dieselben sind bald silberweiss, bald grau oder tombakbraun, selten schwarz, und alle diese Farben variiren selbst an einem und demselben Handstücke derartig, dass man nach ihnen allein nicht verschiedene Glimmerarten zu unterscheiden vermag. Nur selten existiren zweierlei deutlich von einander verschiedene Glimmer, ein lichter Kali- und brauner Magnesiaglimmer. Die nach Art und Menge wechselnde Gruppirung der betrachteten Hauptgemengtheile veranlasst nun, abgesehen von dem gewöhnlichen, klein- bis mittelkörnigen Granit, eine grosse Zahl anderer Gesteinsvarietäten, aus denen man als besonders häufig etwa die folgenden hervorheben kann.

a) Granit, porphyrartig durch einzelne, grössere Quarzkörner;

b) desgl. durch Mikroklinkrystalle;

c) desgl. durch Quarz- und Mikroklinkrystalle.

Am reinsten ausgebildet findet man diesen Granitporphyr auf den Halden des Jungen Feilig. Hier ist sogar an einzelnen Stücken die feinkörnige Grundmasse derartig zurückgedrängt, dass sie nur noch das Bindemittel der zahlreichen Krystalle abgiebt.

d) Feldspathreiche, kleinkörnige Varietät mit nur sehr geringer Krystallinität (Binge). Quarz und Feldspath verfliessen förmlich in einander, oder der letztere bildet überaus feinkörnige, z. Th. fast dichte Partieen, in denen die kleinen Quarzkörner porphyrartig inneliegen. Glimmer ist ganz verschwunden.

e) Als letztes und besonders interessantes Gebilde ist **Greissen** anzuführen. Derselbe findet sich an einigen kleinen Felskuppen, an der Elterleiner Strasse, dicht beim Geyerschen Schiesshause anstehend, also an der Südspitze der Granitmasse vom Ziegelsberge und Knochen. Das von dem normalen Zinnwalder Greissen nicht zu unterscheidende Gestein besteht aus einem grobkörnigen Gemenge von Quarz und lichtem, grünlichgrauem Glimmer; hier und da beobachtet man in ihm kleine, unregelmässige Drusenräume, deren Wandungen mit rothem Eisenoxyd überzogen sind.

Die Betheiligung an der Zusammensetzung ist für die drei Gemengtheile des Granites überaus schwankend; ich habe deshalb keinen Anstand genommen, die aus Quarz und Feldspath, oder die fast allein aus Feldspath bestehenden Gemenge, trotz ihres abweichenden Charakters, Granit zu nennen, weil die geringe Ausbildung des Glimmers in ihnen mehr zufällig ist.

Man könnte nun — und zwar scheinbar mit ganz demselben Rechte — auch den Greissen nur als diejenige besondere Mengungsvarietät des Granites ansehen wollen, bei welcher der Feldspath von Haus aus nur wenig entwickelt oder ganz zurückgetreten ist. Eine solche lokale Modification würde bei dem sonst so scharf ausgesprochenen Charakter unseres Granites (viel Feldspath, wenig Glimmer!) überaus merkwürdig sein.

Indessen wenn es erlaubt ist, für mineralogisch vollkommen gleich zusammengesetzte Gesteine zumal dann, wenn sie unter ähnlichen Lagerungsverhältnissen auftreten, gleiche Bildungsprocesse anzunehmen, so dürfte es richtiger sein: den Greissen als ein aus ursprünglich vorhandenem Granit hervorgegangenes Umwandelungsprodukt zu betrachten. Die geognostischen Verhältnisse von Zinnwald müssen, wie mir dünkt, jeden vorurtheilsfreien Beobachter zu dieser Ansicht hinführen.*

Es ist auch bekannt, dass die letzten derselben entgegenstehenden Bedenken durch eingehende chemische Untersuchungen der Neuzeit (Daubrée, Scheerer) gehoben worden sind und dass es sich im besonderen als höchst wahrscheinlich herausgestellt hat, dass Chlor- und Fluorverbindungen auf den Granit eingewirkt, den Feldspath zerstört und eine Neubildung von Quarz und Glimmer veranlasst haben.

Solche Vorgänge wird man daher auch für die Entwickelung des Greissens von Geyer anzunehmen haben und es würde der aufgestellten Theorie nur zur Stärkung gerei-

---

*) Man vergl. auch die Mittheilungen von H. Müller (Gangstudien, III. p. 36) über die Greissenpartie an der nördlichen Spitze des Eibenstocker Granitmassivs. Vorkommen und mineralische Natur sind dem Geyerschen Gestein vollkommen analog, während die dort besseren Aufschlüsse den schrittweisen und thatsächlichen Uebergang des Greissens in Granit leichter zu verfolgen gestatten.

chen können, wenn man den Nachweis zu geben vermöchte: dass — zur Zeit der Bildung unserer Granite und später — Chlor- und Fluorverbindungen eine nicht unbedeutende Rolle in der Geyerschen Gegend gespielt haben.

Dieser Nachweis ist aber sehr leicht zu führen, theils mit Hilfe der im Granit vorkommenden accessorischen Gemengtheile, theils durch andere, später zu erwähnende Erscheinungen.

Die **accessorischen Gemengtheile**, die sich namentlich im Granit des Greifensteins finden, sind Topas, Turmalin, Flussspath, Apatit, Zinnerz, Nakrit und Wad. Die Reihenfolge, in welcher ich diese Mineralien hier angeführt habe, wird nahezu der Häufigkeit ihres Vorkommens entsprechen.

Topas. An einzelnen Lokalitäten, namentlich in dem grossen Steinbruch dicht beim Greifensteiner Wirthshause, ungemein häufig. Die ein bis zwei Linien grossen, nur an einem Pole oder ringsum ausgebildeten Krystalle sind wasserhell oder durchscheinend, an ihrer bläulichweissen Farbe und dem überaus lebhaften Glasglanz ihrer Krystallflächen leicht zu erkennen. In krystallographischer Beziehung zeichnen sich dieselben dadurch aus, dass jederzeit ein Doma zur Makrodiagonale und das primäre Prisma vorherrschen, die nie fehlende Basis aber klein ausgebildet und die einzige rauhe Fläche ist. In untergeordneter Ausdehnung wird man selten ein abgeleitetes Prisma und eine grosse Zahl kleiner Pyramidenflächen vermissen.

Mit hoher Wahrscheinlichkeit darf angenommen werden, dass diese Topase gleichzeitig mit den andern, wesentlichen Gemengtheilen des Granites entstanden sind.

Hierfür spricht der folgende Umstand. In unmittelbarer Nähe der grossen Schieferschollen, welche der Granit umschliesst, sind, wie bald näher beschrieben werden soll, der Quarz und Feldspath des Granites überaus grosskörnig krystallinisch ausgebildet. Von den der krystallinischen Entwickelung überaus günstigen Bedingungen, welche demnach zur Zeit der Erstarrung des Granites an diesen Contaktpunkten stattgefunden haben müssen, sehen wir nun auch den Topas Gebrauch machen; denn während er im normalen Granit durchgängig nur in ein bis zwei Linien grossen Körnern eingesprengt ist, findet er sich in den obenerwähnten Contaktregionen in erbsengrossen, flächenreichen Krystallen. Die Grösse der Topaskrystalle ist also proportional der krystallinischen Entwickelung desjenigen Granites, in welchem sie eingewachsen sind und diese Thatsache kann nur durch die mit dem Muttergesteine gleichzeitige Bildung jener irgend befriedigend erklärt werden.

Ein ganz neues und eigenthümliches Topasvorkommen, bei welchem die einzelnen langausgedehnten Krystalle garbenförmig unter einander verwachsen sind, fand sich im Greifensteingranit. Das Stück ist in der mineralogischen Sammlung der Bergakademie zu Freiberg niedergelegt worden.

Turmalin. Selten durchsichtig, grün oder roth; von dieser Beschaffenheit nur einmal in Form zierlicher kleiner Nadeln gefunden, die in Feldspathkrystallen eingewachsen waren und mit ihren rhomboedrisch auskrystallisirten Endflächen aus demselben hervorragten. Häufiger ist der gewöhnliche schwarze Schörl in stärkeren, prismatischen Krystallen von triangulärem Querschnitt im Granit eingewachsen. Man wird dann fast stets beobachten: dass diese Krystalle, ähnlich wie der Orthit im Syenit, zunächst von einer rothen, quarzfreien Feldspathzone umgeben sind, die sich nach Aussen hin allmälig verläuft; ein Umstand, der auch für den Turmalin auf eine primäre Bildung schliessen lässt.

Ein blaues erdiges Mineral, wahrscheinlich **Flussspath**, findet sich häufig in der Form kleiner, unregelmässig umgrenzter Partieen mitten im Granit. In einigen seltenen Fällen scheint es den Kern von Feldspathkrystallen zu bilden. Leider reichte das gesammelte Material nicht aus, um erkennen zu lassen, ob in dem letzten Falle Perimorphosen oder Pseudomorphosen vorliegen, d. h. ob der Flussspath primärer oder secundärer Entstehung ist.

Apatit. Kleine, z. Th. sehr verwitterte Krystalle wurden ein einziges Mal in einer Druse gefunden, nirgends aber im Granit eingewachsen. Im vorliegenden Falle waren kleine, gelbgrüne Blättchen von **Nakrit** radial um die Krystalle gruppirt. Die Altersbeziehungen des Apatits zum Granit können daher nicht angegeben werden; Nakrit ist ein secundäres Gebilde.

Zinnerz soll nach den Angaben älterer Beobachter (Daubrée, Sur la gisement, la constitution et l'origine des amas de minérai d'étain, Ann. d. mines, III. Bd. XX.) im Granit des Greifensteins vorgekommen sein. Ich habe dasselbe nicht beobachten können, indessen hat die Erscheinung bei der nahen Nachbarschaft zahlreicher Zinnerzlagerstätten nichts Befremdendes.

Wad findet sich, mit den Bestandtheilen zersetzten Granites gemengt, als Ausfüllung wenige Linien bis mehrere Zoll starker Klüfte am Greifenstein.

Während die Existenz von Fluorverbindungen zur Zeit der Granitbildung durch das Vorstehende nachgewiesen ist, wird sich die anderweite Behauptung: dass fluor- und borhaltige Dämpfe oder Solutionen auch noch in späterer Zeit im Granit und in den denselben umgebenden Gesteinen cirkulirt und zur Bildung, resp. Umbildung von Mineralien Veranlassung gegeben haben, weiter unten aus der Betrachtung der Erzlagerstätten ergeben.

Absonderungserscheinungen. Der Granit ist durchgängig so vollkommen plattenförmig zerklüftet, dass alle älteren Beobachter ihn für ein geschichtetes Gestein hielten und nicht zögerten, das Streichen und Fallen seiner Schichten anzugeben. Die prächtigen Felsgruppen des Greifensteins zeigen diese matrazenartige Absonderung in ganz ausgezeichneter Weise; indessen gerade hier lässt der dicht neben den Felsen etablirte Steinbruch deutlich erkennen, dass die ganze Erscheinung zwar in ursprünglichen Strukturverhältnissen begründet ist, durch langandauernde Verwitterungsprozesse aber erst ihre vollkommene Entwickelung erlangt hat.

Herrn Obereinfahrer Müller verdanke ich die interessante Beobachtung, dass diese bankartigen Absonderungen eine concentrische, der ursprünglichen Oberfläche höchst wahrscheinlich conforme Anordnung erkennen lassen und somit lebhaft an die durch Leopold von Buch zuerst beschriebene concentrisch schalenförmige Absonderung des Brockengranites erinnern.

Bei einem Ueberblick von dem zugänglich gemachten höchsten Felsen des Greifensteins* soll die Erscheinung besonders auffällig sein; an den westlichen Felsen fallen die Granitbänke gegen W., an den östlichen gegen O. ein, in der Mitte liegen sie horizontal.

Die Verhältnisse des Granites zum Schiefergebirge.

Lagerung im Allgemeinen. Aus den gelegentlich schon erwähnten Verhältnissen, die man im Inneren des durch Grubenbetrieb vielfach aufgeschlossenen Gebietes kennen gelernt hat, folgt ohne Weiteres, dass der Granit das Schiefergebirge durchbrochen hat; aus der Schichtungslage der ihm zunächst benachbarten Schiefer ergiebt sich noch specieller, dass er diesen gegenüber eine „durchgreifende Lagerung" einnimmt. Die auf Taf. I. in die Karte eingetragenen Beobachtungswerthe beweisen das; eine auffällige Störung des Schichtenbaues hat nirgends stattgefunden.

Allerdings bemerkt v. Weissenbach (v. Cotta, Gangstudien I. p. 40), dass der den Geyerschen Stockwerksgranit umhüllende Glimmerschiefer bei einem durchgängig gleichen Streichen von ungefähr h. 3. auf der Nordseite unter 20—30°, auf der Südseite unter 30—40° nordwestlich einfalle, indessen es scheint mir, dass diese Differenz zu gering

---

*) Eine Abbildung dieses Felsens selbst gab Roth in seiner Abhandlung über die Kugelform im Mineralreiche, Dresden 1844, auf Taf. VII. Fig. 2.

ist, um mit irgend genügender Wahrscheinlichkeit als die Folge des Empordringens vom Granit angesehen werden zu können; Differenzen von 10° kann man in Steinbrüchen oder an Felswänden oft genug, und zwar in Gegenden erkennen, in denen an mechanische Störungen nicht zu denken ist. Ausserdem vermag ich auch nicht die v. Weissenbach'sche Angabe zu bestätigen; leicht möglich, dass sie sich auf Beobachtungen in der gegenwärtig unzugänglichen Grube gründet.

Im Allgemeinen sind die Verhältnisse nicht neu, denn die durchgreifende Lagerung ist am Granit schon mehrfach beobachtet worden, ja sie wurde sogar durch Ström für eben dieses Gestein in der Freiberger Gegend zuerst entwickelt.

Specielle Contaktverhältnisse. Ein weit höheres Interesse erwerben sich die speciellen Contaktverhältnisse zwischen Granit und Schiefer; sie sind es, welche bald seit einem Jahrhundert die Aufmerksamkeit unserer geognostischen Vorfahren auf sich gelenkt und diese veranlasst haben, zahlreiche Theorieen, bald geistreich, bald abenteuerlich und märchenhaft, aufzustellen.

Eine chronologische Zusammenstellung aller dieser Hypothesen, überaus lehrreich für die Kenntniss der allmäligen Entwickelung der Wissenschaft, würde mich dennoch hier zu weit vom Ziele abführen, ich werde indessen Gelegenheit nehmen, bei der folgenden Beschreibung die eine oder andere ältere Ansicht in's Gedächtniss zurückzurufen.

Man kann füglich mechanische und chemisch-physikalische Contaktwirkungen unterscheiden und man muss die ersteren zunächst betrachten, weil sie die unmittelbare Veranlassung zu den anderen gegeben zu haben scheinen.

a) Mechanische Contaktwirkungen. Dieselben sind einfacher Natur. Der Granit hat bei seiner Eruption Schollen des Nebengesteines losgerissen und mit sich emporgeführt, er hat also eine Reibungsbreccie gebildet. In vortrefflicher Entwickelung sieht man dieselbe am Geyerschen Granitstock und am Greifenstein, indessen sie unterscheidet sich an beiden

Punkten. Am Zwitterstockwerk tritt sie nur an dessen Peripherie auf; nur in unmittelbarer Nähe der Schiefergrenze finden sich hier die zahllosen Schieferschollen, bald gross, bald klein, bald scharfkantig und unverändert inneliegend, bald wieder mit dem Granit gewissermassen verschmolzen. Die räumliche Entwickelung der Reibungsbreccie fällt hier mit der des Stockscheiders zusammen, im normalen Granit des Centrums wurde kein einziges Schieferfragment gefunden.

Anders am Greifenstein. Die Felsengruppe auf der Höhe ist allerdings fast die einzige zu umfassenden Beobachtungen geeignete Stelle, sie liegt aber auch nahezu im Centrum der ganzen Insel, und mitten im normalen Granit finden sich hier, besonders an den südlichen Steilwänden der Riffe, zahlreiche und gewaltige Schollen — während an der Schiefergrenze, die durch den Grubenbetrieb von Leyer aufgeschlossen worden ist, nach eigener Beobachtung und nach Angabe des Betriebsbeamten keine Contaktwirkungen der angeführten Art bisher aufzufinden waren.

Diese abweichenden Verhältnisse der zwei Lokalitäten mögen vielleicht nur in Zufälligkeiten begründet sein, immerhin ist eigenthümlich, dass sich die beiden Granitinseln in dieser, wie in anderer Beziehung gewissermassen ergänzen.

Häufig finden sich in den Fragmenten beider Orte kleine, wenige Linien bis mehrere Zoll starke Granitgänge,

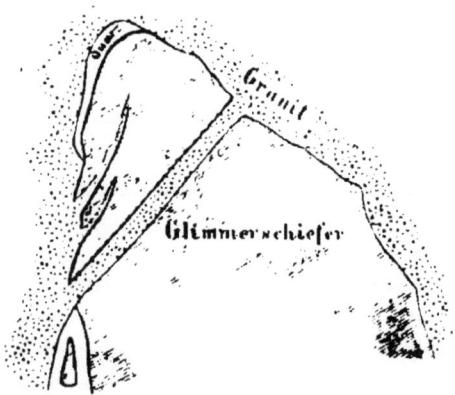

die entweder von einem Rande bis zum anderen quer durchsetzen, oder sich im Schiefer verästeln, immer schmäler werden und endlich verlaufen. Der neben stehende Holzschnitt giebt die Abbildung eines solchen Fragmentes; die weiss gelassenen Partieen am Rande des letzteren sind reiner Quarz. In anderen Fällen sieht man, wie eine grosse Schieferscholle von einem Kranze kleinerer Fragmente umgeben wird, die, wie nicht zu bezweifeln, anfangs mit ihr zusammenhingen, durch den Granit losgerissen und, noch ehe sie weit weggeführt werden konnten, von der erstarrenden Masse umschlossen wurden. Die in Fig. 4. auf Taf. III. gegebene Skizze zeigt ein solches am Stockscheider beobachtetes Verhältniss möglichst naturgetreu.

Die Schieferfragmente sind übrigens sehr verschieden betrachtet worden. In früherer Zeit beachtete man sie nicht, oder man hielt sie für blosse Ausscheidungen. Der Glimmerschiefer selbst sollte, jünger als der Granit, um die kegelförmigen Inseln desselben sich abgelagert haben. Erst Mohs (v. Moll's Annalen der Berg- und Hüttenkunde, Bd. III. 1805) erkannte sie als Fragmente und wies durch sie nach, dass der Granit das jüngere Gestein sein müsse; indessen vergeblich, denn 1816 entwickelte Blöde (Taschenb. f. d. ges. Min.) eine neue Theorie, nach welcher Glimmerschiefer und Granit gleichzeitiger Entstehung, der Stockscheider aber eine erst am Ende der Urzeit entstandene Spaltenausfüllung sein sollte, deren granitartige Masse bei ihrer Krystallisation die von den Spaltenwänden sich ablösenden und herabfallenden Schieferbruchstücken umschloss. Gegenwärtig sind uns die Fragmente vollgültige Beweise einer eruptiven Bildung des Granites.

b) Chemisch-physikalische Contaktwirkungen. Im Gefolge der Graniteruptionen sehen wir indessen noch andere Erscheinungen sich entwickeln. Der empordringende Granit wirkte nicht nur auf den Glimmerschiefer ein, sondern er erlitt selbst eine vom Schiefer ausgehende Rückwirkung, die, wie bald gezeigt werden soll, eine aussergewöhnlich grosskrystallinische Ausbildung der erstarrenden Masse zur Folge hatte.

Einwirkungen des Granites auf den Glimmerschiefer.
Auf Sektion XV. der geognostischen Karte von Sachsen sind unsere drei Granitinseln zwar in das Glimmerschiefergebiet eingezeichnet, indessen sie werden zunächst von einer in sich

abgeschlossenen Gneisszone ringförmig umgeben. Ganz analoge Verhältnisse zeigen die Granitgebiete von Schwarzenberg und vom Auerhammer, während merkwürdiger Weise an die grosse Eibenstöcker Granitpartie unmittelbar Glimmerschiefer angrenzt.

Diese Angaben würden, ihre Richtigkeit vorausgesetzt, beweisen: dass der Granit den ihn zunächst umlagernden Glimmerschiefer zu Gneiss umgewandelt habe, denn dass der Gneiss, wie man sonst vielleicht glauben könnte, vom Granit durch den Glimmerschiefer hindurch mit emporgehoben worden sein solle, ist bei der durchgreifenden Lagerung des Granites und bei dem damit zusammenhängenden ungestörten Schichtenbau des Schiefergebirges ganz unmöglich.

Ich habe, bekannt mit diesen Angaben, vergeblich nach dem Gneisse gesucht: ich habe vielmehr am Geyerschen Knochen, am Vitriolwerk, am Ziegels- und Schlegelsberge, am Gehänge des Greifenbachthales, am Röhrenbohrer und am Gastberge, kurz an allen diesen mit der Gneissfarbe bezeichneten Orten — nur Glimmerschiefer, oft in seiner reinsten, grobwelligen und quarzreichen Ausbildung angetroffen. Nur an dem Geyerschen Stockwerk und südlich von demselben könnte man in Verlegenheit kommen, denn einmal findet sich hier der rothe Gneiss, ein anderes Mal feldspathhaltiger Glimmerschiefer.

Dass der rothe Gneiss, in seiner petrographischen Beschaffenheit durch Nichts von dem der anderen Inseln verschieden, durch eine Metamorphose aus dem Glimmerschiefer hervorgegangen sein soll, wird Niemand behaupten wollen. Aber auch der feldspathhaltige Glimmerschiefer ist vom Granit ganz unabhängig: denn da sich aus ihm ganz allmälig vom Geyerschen Stockwerke an bis gegen Tanneberg zu der normale graue Gneiss entwickelt, so müsste man, sollte er durchaus ein Umwandlungsproduct sein, annehmen, dass aus dem Gneisse durch Einwirkung des Granites Glimmerschiefer geworden sei, denn die metamorphische Einwirkung müsste doch in der nächsten Nachbarschaft des Granites am stärksten ausgeprägt sein, nach aussen hin sich allmälig verlaufen. Zudem findet sich ja auch der feldspathhaltige Glimmerschiefer keineswegs nur in der Nachbarschaft des Granites; in gleich reiner Ausbildung trifft man ihn, über eine Meile vom Granit entfernt, am Schönbrunner Knochen, am Flisch- und Thomsberge. Da muss man denn doch wohl annehmen, dass seine Nachbarschaft zum Stockwerksgranit etwas rein Zufälliges ist. Die Umwandlung des Glimmerschiefers in Gneiss hat also nicht stattgefunden, wohl aber scheint eine Metamorphose anderer Art eingetreten zu sein, durch die jedoch nur die Textur, nicht die mineralogische Zusammensetzung der Contaktgesteine verändert worden ist. Sie erstreckt sich ausserdem nur auf die dem Granit nächstbenachbarten Schichten, und ihre räumliche Ausdehnung bleibt desshalb weit hinter der des immaginären Gneissgebietes auf der Karte zurück.

Das Wesentliche der Umwandlung besteht darin, dass die derben Quarzlagen des normalen Glimmerschiefers körnig geworden sind, die anfangs zusammenhängenden lichtgefärbten Glimmermembranen aber sich in ein feinschuppiges Haufwerk kleiner, schwarzer Glimmerblättchen aufgelöst haben. Die gegenseitige Anordnung von Quarz und Glimmer ist dabei unverändert geblieben, wohl aber ist eine sehr feste und innige Verbindung der beiden Gemengtheile eingetreten und in Folge davon hat das Gestein seine im normalen Zustande höchst vollkommene Spaltbarkeit eingebüsst.

Den angegebenen Zustand zeigen nicht nur die im Greifensteingranit eingeschlossenen Fragmente, sondern man beobachtet ihn auch am anstehenden Gestein des Röhrenbohrers, an den Felsen beim Geyerschen Vitriolwerk, im Steinbruch nahe unterhalb des Vereinigt Geschick'er Stollns und anderwärts. Stellenweise (Röhrenbohrer) gewinnt es sogar den Anschein, als wäre eine ganz unregelmässige Zerklüftung eingetreten; man merkt das namentlich dann, wenn man ein Handstück zu schlagen beabsichtigt.*

---

*) Es mag wenigstens anmerkungsweise erwähnt werden, dass sich in dem den Granit umgebenden Glimmerschiefergebiet zuweilen Turmalin und dann nicht selten in bedeutender Menge findet, so z. B. in den Feldern zwischen Ehrenfriedersdorf und dem Greifenstein. Wenn schon nach Analogie anderer Lokalitäten der Ansicht nichts im

Ein grosser Theil derjenigen Bruchstücken, welche der Geyersche Stockscheider umschliesst, zeigt allerdings eine etwas andere Beschaffenheit. Die Bruchstücken bestehen fast nur aus einem nelkenbraunen oder schwarzen, feinschuppigen Glimmergemenge mit wenig Körnern oder Lagen von Quarz. Der Grund dieser Verschiedenheit ist möglicher Weise ein sehr einfacher; die Schollen werden nicht von einer grobwelligen und quarzreichen Glimmerschiefervarietät (wie die des Greifensteins), sondern von einer feinwelligen und glimmerreichen abstammen. Vereinzelte Feldspathkrystalle, welche ich zuweilen in den Bruchstücken des Stockscheiders, nie in denen des Greifensteins beobachtet habe, können dann nach den früher angeführten Thatsachen ebensowenig befremden. Fände man aber wirklich echte Gneissfragmente, so soll zwar nicht bestritten werden, dass dieselben aus Glimmerschiefer entstanden sein könnten; es ist aber wohl zu beachten, dass sie eben so gut nur durch den Granit aus einem tieferen Schichtensystem heraufgeführt sein und ursprünglichem Gneisse entstammen könnten, demjenigen nämlich, welcher, wie in der Einleitung gezeigt wurde, den Glimmerschiefer unterlagert.

Rückwirkung des Schiefers auf den erstarrenden Granit. Rundherum um den Granitkegel des Geyerschen Stockwerks, ihn mantelförmig umlagernd, zieht sich zwischen dem feinkörnigen Granit des Centrums und dem anliegenden Glimmerschiefer eine eigenthümliche, $1/8 - 2$ Lr. mächtige Masse hin, der Stockscheider.* Sie besteht aus den drei Gemengtheilen des Granites, dieselben zeigen aber hier eine überaus grosskrystallinische, riesengranitartige Textur. Mit dem Glimmerschiefer ist der Stockscheider zwar fest verwachsen, er schneidet aber dennoch scharf an ihm ab.

Wege stehen würde, dass diese Turmalingesteine das Resultat durch den Granit veranlasster metamorphischer Prozesse seien, so entbehrt dieselbe doch im vorliegenden Falle, wegen Mangel an genügenden Aufschlüssen, des auf genauere Beobachtungen gestützten Beweises.

*) m. vergl. die durch v. Weissenbach gegebene Skizze, Gangstudien Bd. I. Taf. I. Der zugehörigen Beschreibung ist, da gegenwärtig Aufschlüsse nur sehr vereinzelt sind, z. Th. gefolgt worden.

Anders verhält er sich zum Granit des Centrums. Aus dem kleinkörnigen Gemenge desselben entwickelt er sich ganz allmälig, obwohl innerhalb kurzer Distanz. Der gewöhnliche Granit nimmt zunächst grössere Krystalle und Partieen von Feldspath porphyrartig auf, diese werden immer häufiger, ähnliche Quarzmassen gesellen sich hinzu und bald ist der kleinkörnige Granit ganz verdrängt; man sieht nur noch fussmächtige Partieen eines grosskörnig krystallinischen oder blättrigen, fleischrothen Feldspathes, mit ebenso voluminösen Ausscheidungen von derbem Quarz auf das unregelmässigste verbunden, Taf. III., Fig. 4. Selbst Glimmer, wiewohl immer noch selten, findet sich in grossen, schwarzen oder braunen Tafeln ein, die gewöhnlich im Feldspath nach allen Richtungen hin regellos eingewachsen sind, oder, an einem Punkte concentrirt, eine radiale Gruppirung zeigen. Kleinere Glimmerblättchen bilden wohl auch zuweilen mit körnigem Quarz Nester oder unregelmässig verlaufende, greissenartige Butzen. Dies die gewöhnliche Beschaffenheit des Stockscheiders.

Es kann nach dem Gesagten keinem Zweifel unterliegen, dass derselbe nur eine durch besonderen Texturzustand und durch bestimmte Verbreitung charakterisirte Granitvarietät ist, keineswegs aber, wie Blöde meint, ein selbstständiges Gebilde, das erst lange nach der Granit- und Schieferbildung in einer zwischen beiden Gesteinen aufgerissenen Spalte auskrystallisirte.

Das regellose Gemenge der Stockscheidermasse giebt natürlich zu zahlreichen Combinationen und Variationen Veranlassung, zumal sich in ihm, namentlich da, wo es sehr mächtig ist, noch viele Glimmerschieferbruchstücken einstellen.

Damit ist eine Erscheinung verbunden, die alle Beachtung verdient. Man findet nämlich niemals ein Schieferbruchstück in dem Riesengranit unmittelbar inneliegend, sondern jederzeit sieht man — und hiermit stimmen alle Angaben älterer Autoren überein (v. Weissenbach, Gangstudien Bd. I. p. 41, Blöde, l. c. p. 17.) — die Bruchstücke zunächst von einem überaus feinkörnigen Gemenge aus Quarz und blassrothem oder weissem Feldspath umgeben werden. Der

Glimmer ist aus demselben fast ganz verschwunden. In seltenen Fällen hat sich wohl auch hart an den Bruchstücken erst eine Quarzrinde abgesetzt, die entweder derb ist oder eine krystallinisch stängliche Textur zeigt und im letzteren Falle ist deutlich eine Gruppirung der einzelnen Individuen senkrecht zur Grenzfläche zu beobachten. Auf den Quarz folgt dann das feinkörnige Quarzfeldspathgemenge, in grösserem Abstande der Riesengranit.

Während also der Stockscheider im Allgemeinen eine eigenthümliche Ausnahme von dem Gesetze macht, nach welchem sich erstarrende Gesteine an der abkühlenden Contaktfläche dicht oder feinkörnig, im Centrum aber grobkörnig krystallinisch entwickeln, kommt das über Bord geworfene Gesetz inmitten der eigenthümlichen Masse und im Contakt mit den von ihr umschlossenen Fragmenten plötzlich wieder zur Geltung.

Anhangsweise mögen noch zwei Mineralvorkommnisse erwähnt werden, die dem Stockscheider eigenthümlich anzugehören scheinen. Es sind das Amblygonit und schwarze Zinkblende. Ersterer ist in früherer Zeit nur einmal, im grossblättrigen Feldspath eingewachsen, vorgekommen (Kalender f. d. Berg- u. Hüttenmann, 1839. p. 144); letztere fand ich unter gleichen Verhältnissen in dem Bruche, welcher gegenwärtig im südöstlichen Theile der Binge in dem gerade hier überaus mächtigen Stockscheider angelegt ist.

Die anderen beiden Granitmassen, die vom Ziegelsberge und vom Greifensteine, zeigen da, wo ihr Contakt mit dem Schiefer aufgeschlossen ist (im Stolln von Vereinigt Geschick und von Leyer) nichts Absonderliches. Der Granit grenzt, ohne dass eine Veränderung seiner Beschaffenheit sichtbar ist, an den Glimmerschiefer an. Dies ist gegenüber dem Verhalten des benachbarten Stockwerksgranites höchst auffällig und wird das nur um so mehr durch den eigenthümlichen Umstand, dass neben den vom Greifensteingranit umschlossenen Schieferfragmenten die grosskörnig krystallinische Struktur unvermuthet wieder zum Vorschein kommt. Das sind räthselhafte Erscheinungen. Am Stockwerke Riesengranit an der Schiefergrenze, feinkörniger Granit in der Umgebung der

Schollen; am Greifensteine normale Textur an der Hauptgrenze, grosskrystallinische an den Fragmenten.

Auf das Uebereinstimmende beider Lokalitäten machte schon Mohs aufmerksam, indem er die Behauptung aufstellte: „der Stockscheider ist gerade das, was die Kruste, welche „die Bruchstücke im Greifenstein umgiebt, ist, und seine Ent- „stehung ist genau dieselbe."

Das Studium der Contaktwirkungen der Greifensteinschollen ist übrigens desshalb besonders belehrend, weil hier die Erscheinungen an den inmitten einer gleichförmigen und feinkörnigen Grundmasse vereinzelt inneliegenden Fragmenten sehr scharf beobachtet werden können. Es ergiebt sich dabei das interessante und höchst wichtige Resultat, dass die Contaktwirkungen jederzeit proportional der Grösse der umschlossenen Fragmente sind.

Man kann in dieser Hinsicht drei Grade unterscheiden. Die kleinsten Fragmente, wenige Zoll im Durchmesser, liegen scharf begrenzt im Granit inne; grössere sind von ein bis zwei Zoll starken, krystallinischen Feldspathrinden umgeben, in welchen zahlreiche schwarze Glimmertafeln senkrecht zur Oberfläche des Bruchstückes eingewachsen sind. Diese Rinden (ein in der geographischen Sammlung der Freiberger Akademie niedergelegtes grösseres Stück zeigt sie in vortrefflicher Entwickelung) sind scharf vom Schiefer abgegrenzt, verlaufen aber sehr schnell in den normalen Granit.

An den grössten, mehrere Cubiklachter haltenden Schollen ist die stockscheiderähnliche Contaktrinde zur stärksten Entwickelung gelangt. Sie bildet hier 6 bis 10 Zoll starke Krusten, welche aber noch zwei, sogleich näher zu besprechende und auf Taf. III, Fig. 1—3 abgebildete Eigenthümlichkeiten zeigen. Die eine besteht darin, dass diese Rinden wohl nie das ganze Fragment in gleicher Ausbildung umgeben, sondern in der Regel nur an einer Seite desselben und zwar an einer der längeren Seiten oder Flächen sich entwickelt haben. Ihre specielle Lage ist dabei eben so veränderlich, wie die der Scholle selbst; bald findet sich die Rinde oben, bald unten, bald wieder seitlich. Plötzlich keilt sie sich aus und an den übrigen Umfang der Scholle grenzt der bankartig zerklüftete Granit von der ganz normalen, kleinkörnigen Beschaffenheit hart an. Die zweite Eigenthümlichkeit besteht in der Sonderung der beiden Gemengtheile, Quarz und Feldspath. innerhalb jeder dieser Rinden. Stets wird man nämlich unmittelbar am Schieferfragmente eine etwa 2 bis 6 Zoll starke Lage von reinem, derbem Quarz beobachten; auf diese folgt nach aussen hin eine etwa gleichstarke zweite Schicht, die fast ausschliesslich aus grobkörnig krystallinischem Feldspath besteht und in welcher nur vereinzelte kleine Quarzpartieen, in seltenen Fällen schöne Topaskrystalle eingemengt sind. Die Contaktrinde ist also, allem Anscheine nach, proportional der Grösse der umschlossenen Fragmente; derselben Grösse musste aber auch die Abkühlung proportional sein, welche die Schollen auf ihre geschmolzene Umgebung ausübten und so scheint sich aus der vollkommen berechtigten Gleichstellung beider Verhältnisse unmittelbar zu ergeben: dass die grosskrystallinische Ausbildung die Folge einer durch Contakt mit fremden Massen bedingten Temperaturerniedrigung ist. An anderen Lokalitäten (m. vergl. beispielsweise Naumann, Erläuterungen zu Sect. XV. p. 175, Anmerkung, 159, 165, ferner v. Weissenbach in den Gangstudien, Bd. I. p. 44.) würde man Analoges anzunehmen haben. Jederzeit wird aber gerade die entgegengesetzte Wirkung einer Temperaturerniedrigung gelehrt und auf die an zahlreichen Punkten vorliegende Bestätigung hingewiesen.

Das sind auf den ersten Blick unentwirrbare Widersprüche; ich wage es, meine Ansichten über deren Lösung wenigstens in allgemeinen Umrissen hier niederzuschreiben.

Wenn eine geschmolzene Gesteinsmasse zur Eruption gelangt, so ist es möglich, dass sie nur eben genug Wärme besitzt, um sich im geschmolzenen Zustande* zu erhalten.

---

*) Dass die Existenz dieses Zustandes in vielen, wenn nicht in allen Fällen durch Gegenwart von Wasser, sowie durch mehr oder weniger hohen Druck überhaupt erst möglich geworden sein mag und dass mithin an lediglich durch hohe Temperatur geschmolzene Massen nicht zu denken ist, ist durch zahlreiche neuere Untersuchungen sehr glaubhaft geworden. Wenn ich im Folgenden auf diese anderweiten Agen-

Die Berührung mit einer erkältenden fremden Masse muss dann einen merklichen Einfluss ausüben und an der Contaktfläche eine rasche Erstarrung mit allen deren Folgen herbeiführen. Die Hauptmasse wird zwar langsam, wegen ihres nur geringen Wärmeüberschusses aber doch verhältnissmässig bald erkalten. An den Salbändern ist dann eine dichte, im Centrum eine mehr körnige Textur entstanden. Dies der eine Fall, der gewöhnliche bei vulkanischen Gesteinen.

Anders werden die Verhältnisse sein, wenn eine Masse mit grossem Wärmeüberschusse, vielleicht unter starkem Druck, hervorbricht, wenn nachquellendes Material immer neue Wärme zuführt und wenn sich in dessen Folge Eruption und Erstarrung nicht plötzlich folgen können, sondern zunächst ein Stagniren des geschmolzenen Plutonites im mächtigen Spaltenraum ermöglicht wird. Die Folge davon muss es sein, dass die erkaltende Einwirkung der durchbrochenen Masse fast spurlos vorübergeht; ja im Gegentheil wird das feste Gestein, die Gefässwandung, selbst erwärmt werden und dabei leicht möglich eine Metamorphose erleiden.

Indessen auch hier tritt mit der Zeit, wenn auch nur sehr allmälig, eine Abkühlung, und mit ihr zugleich die erste Tendenz zur Krystallisation ein. Krystalle scheiden sich porphyrartig aus und die festen Gesteinswandungen, die nach unten gerichteten Seiten losgerissener und im geschmolzenen Breie innenliegender Fragmente bieten anderen Krystallen eine willkommene Gelegenheit zum Anschiessen dar: es bilden sich grosskörnig-krystallinische Salbänder (Stockscheider) und, weil der Schwerkraft folgend, nach unten gerichtete, also ein-

---

tien keine Rücksicht nehme und kurzweg von geschmolzenen Massen rede, so geschieht es nur, um damit denjenigen primitiven, der Verfestung des Gesteins vorausgehenden Zustand zu bezeichnen, in welchem die Elemente des Gesteins noch nicht in der Weise gesondert und gruppirt waren, wie wir das jetzt vom mineralogischen Standpunkte aus beobachten, in welchem vielmehr dem Magma noch die Fähigkeit zukam, sich je nach den obwaltenden Verhältnissen verschieden zu differenziiren. Einen solchen Zustand können wir aber am leichtesten mit dem Begriff einer geschmolzenen Masse verbinden und Wärme spielte ja doch bei ihm das Hauptagens.

seitige Contaktrinden an Schollen. Der Quarz, als strengflüssigster Körper, scheidet sich aus der Umgebung zuerst ab, ihm folgt der Feldspath.

Mehr oder weniger plötzlich tritt später eine wesentliche Aenderung des Zustandes ein, sei es, dass sich die Druckverhältnisse durch Entweichen von Gasen und Dämpfen ändern, sei es, dass die erwärmenden neuen Zuflüsse versiegen. Die Gesammtmasse beginnt zu erkalten und körnig zu erstarren. Merkwürdiger Weise scheidet sich jetzt der Feldspath vor dem Quarze aus.

Dies die rein plutonischen Bildungsverhältnisse granitischer und anderer Gesteine. Dass sich bei der unendlichen Mannigfaltigkeit der lokalen Umstände, unter denen Gesteins-Eruptionen vor sich gegangen sein mögen, auch allerhand Zwischenstufen zwischen den angedeuteten Extremen entwikkelt haben werden, liegt auf der Hand. Widerstreiten diese unseren vermeintlichen Erfahrungen und Erklärungsweisen, so nennen wir sie Ausnahmen, und doch sind sie jedenfalls nur der reine Ausdruck unveränderlicher Naturgesetze.

Es kann hier füglich noch eine in früherer Zeit mehrfach aufgeworfene Frage näher in's Auge gefasst werden, diejenige nämlich, wie tief denn eigentlich der Geyersche Stockscheider niedergehe?

Diese Frage war desshalb für die alten Praktiker von Interesse, weil sie mehrfach daran dachten, Hauptschächte ausserhalb des Stockwerks anzulegen. Mit den unverkennbaren Vortheilen derartiger Schachtanlagen wohl bekannt, konnten sich unsere bergmännischen Vorfahren, selbst zu Anfang dieses Jahrhunderts, dennoch nie zur praktischen Ausführung einer solchen entschliessen und zwar aus dem Grunde, weil sie mit einem ausserhalb des Stockwerks angesetzten Schachte in grösserer oder geringerer Tiefe den Stockscheider und mit ihm ein haltloses Gebirge anzufahren, dadurch aber die Sicherheit des Schachtes zu gefährden fürchteten.

Soweit man bis jetzt die Granitgrenze in irgend einer Tiefe erreichte, fand sich auch der Stockscheider. Die bergmännischen Aufschlüsse lassen daher die Frage offen. Dagegen scheint mir eine Antwort auf dieselbe durch vergleichende geologische Beobachtungen gegeben werden zu können.

Eine der geyerschen vollkommen analoge Stockscheidermasse grenzt nämlich auch die Granitkuppe von Weisse Andreas Fundgr. bei Aue (v. Weissenbach, Gangstudien I. p. 41, Taf. II.) gegen den Glimmerschiefer ab und man weiss von derselben, dass sie ihre grösste Mächtigkeit — 2 Lr. — auf dem Scheitel der Granitkuppe gehabt hat, mit dem allseitigen Abfallen aber immer schwächer geworden und endlich ganz verschwunden ist. Das ebenfalls inselartige Auftreten des Granites von Aue, die Uebereinstimmung in der Gesteinsnatur des normalen Centrums und in dem Vorhandensein des (allerdings verwitterten) Stockscheiders, das gleiche Verhalten zum Glimmerschiefer, endlich die nahe Nachbarschaft gestatten wohl, dass man für die Granite von Aue und Geyer gleiche Entstehungsart und gleiche Entstehungszeit annehmen, und die noch unbekannten Verhältnisse der einen Kuppe durch die bekannten der anderen erklären darf. Die Antwort der aufgeworfenen Frage würde dann, freilich immer noch sehr allgemein, mit der Beschreibung der Verhältnisse von Aue gegeben worden sein.

Die Granitkuppe von Aue ist übrigens in anderer Beziehung für uns noch desshalb höchst interessant, weil sie nicht bis zu Tage aussetzt, sondern selbst noch in ihrem obersten Scheitel von einer, obwohl nur wenige Fuss starken Glimmerschieferdecke bedeckt ist: sie ist daher noch vollständig conservirt. Vergleichen wir nun mit ihr die unseren, so sehen wir zunächst beim Geyerschen Stockwerk, dass hier unzweifelhaft zerstörende Einwirkungen stattgefunden und zwar, dass dieselben nicht nur die schützende Schieferdecke, sondern auch den Granitstock selbst ergriffen haben. Von diesem liegt daher gegenwärtig ein oberer Querschnitt vor.

Tiefer griff die Zerstörung am Greifensteine ein; der verhältnissmässig grössere Umfang der Granitinsel und der weitausgedehnte Bezirk von granitischen Rollblöcken bestätigt dies. Die Zerstörung bemächtigte sich hier namentlich des Glimmerschiefers, nur theilweise des Granites, denn wenigstens der Kern des letzteren blieb bis jetzt in der Form von herrlichen Felsgruppen erhalten. Wurde mit dem anderen Theile ein auch hier einst vorhandener Stockscheider zerstört?

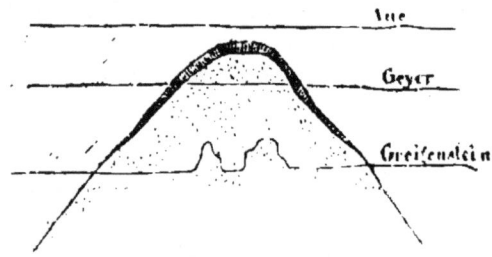

Diese Frage liegt, wie mir scheint, nach dem Vorhergehenden ungemein nahe. Der am Greifenstein vorhandene Querschnitt würde dann bereits diejenige Region erreicht haben, in welcher sich der Stockscheider schon ausgekeilt hatte.

Nichts steht einer bejahenden Antwort entgegen, ja im Gegentheil, mit derselben wird die Verwandtschaft der einzelnen Granitkuppen unter sich nur noch vollkommener und die am Greifenstein sonst räthselhafte Erscheinung, dass bei der ausgesprochenen Disposition des Granites zu stockscheiderartigen Bildungen (Contaktrinden an Schollen) der Stockscheider selbst fehlt, findet eine befriedigende Lösung.

III.

Das Stockwerk zu Geyer als Erzlagerstätte.

Die erste und nächstliegende Aufgabe eines jeden Bergbaues muss es sein, sich klare Rechenschaft zu geben über die vorhandene und abzubauende Lagerstätte, über deren Form und Ausdehnung, über die Grösse und die specielle Vertheilung des Erzgehaltes. Nicht minder wichtig ist es aber auch, den Grund der gegenwärtig vorliegenden Verhältnisse, die Ursachen der Erzvertheilung, überhaupt die gesammte Entwickelungsgeschichte der Erzlagerstätte zu erforschen. Es ist wahr, dass man bei derartigen Untersuchungen rein theoretischer Natur zuweilen über die Grenzen hinauszuschweifen scheint, an denen das Interesse der Praxis erlischt, dennoch aber wird es stets von unschätzbarem Werthe sein, mit der genauen Kenntniss auch ein richtiges Verständniss der Erzlagerstätte zu verbinden. Nur dann können richtige Principien für den technischen Betrieb aufgestellt werden.

Das vorliegende Capitel hat sich die Aufgabe gestellt, das Stockwerk, so weit als möglich, nach beiden Seiten hin zu untersuchen. Es wird dabei, weil die Grube selbst gegenwärtig unzugänglich, die Aufschlüsse über Tag aber nur höchst mangelhaft sind, fast ausschliesslich auf die Angaben älterer Beobachter Rücksicht genommen werden müssen und aus diesem Grunde möge hier zunächst eine Zusammenstellung der benutzten Quellen erfolgen. Dieselben sind

v. Charpentier, Mineralogische Geographie der chursächsischen Lande, 1778. (Auf Taf. II. der diesem Werke beigegebenen Abbildungen findet sich die Ansicht eines Ortes im Geyerschen Stockwerk, welche einen sehr guten Begriff der obwaltenden Verhältnisse giebt und auf die desshalb hier verwiesen sein möge).

Tölpe, Beschreibung des Geyerschen Zwitterstockwerkes, in Köhlers bergmännisch. Journal, II. Jahrgang, 2. Bd. 1789.

Fr. Mohs, die neueren Granite im sächsischen Erzgebirge, in v. Molls Annalen der Berg- und Hüttenkunde, Bd. III. 1805.

G. Blöde, Versuch einer Theorie über die Bildung des Geyerschen Stockwerks, Taschenb. für die gesammte Mineralogie, 1816.

Löbel, Bergamtsakten, Gutachten vom Qu. Crucis 1825.

Naumann, Erläuterungen zu Sect. XV. der geognostischen Karte von Sachsen, 1838.

Daubrée, Sur la gisement, la constitution et l'origine des amas de minérai d'étain. Ann. des mines, III. Bd. XX. 1841.

v. Weissenbach, über Gangformationen, 1846., in v. Cottas Gangstudien, Bd. I.

Roscher, Bergamtsakten, Eingabe vom 20. Dec. 1846. Endlich sind mir nachträglich noch einige schätzenswerthe Mittheilungen durch Herrn Obereinfahrer Müller in Freiberg gemacht worden.

Aeussere Form des Stockwerks. Der Granit des Stockwerks hat die Form eines durch die Gebirgsoberfläche abgestumpften Kegels mit unregelmässiger, ellipsoidischer (in älteren Schriften heisst es gewöhnlich polygonaler) Basis, deren Umfang über Tage etwa durch die Ränder der grossen Binge bezeichnet wird. Man kann hier an der Gebirgsoberfläche die NS. Axe der Ellipse zu ungefähr 120 Lr., die OW. Axe zu 80 — 90 Lr., den Flächeninhalt aber zu 8 bis 9 Maasseinheiten à 1000 ☐ Lr. annehmen.

„Die Umfläche des Kegels fällt (v. Weissenbach, p. 40) mit Ausnahme der SO. Spitze allenthalben mit einer Neigung von 50 — 60° von der Mitte abwärts; nur an der Südostspitze, wo die Grube Weisse Zeche baut, fällt jene Grenze vom Tage herein 45°, unter dem Stolln etwa 85° und in noch grösserer Teufe wieder etwas flacher dem Granitkegel zu, gegen NW."

Nach Blöde (p. 13) soll dieses abweichende Einschiessen auf ungefähr $^3/_8$ des Umfangs sich erstrecken und einem in SSO. des Stockwerks gelegenen Schnitt entsprechen, dessen Fläche selbst NNW. einfällt. Eine Bestätigung dieses für die Folge wichtigen Verhältnisses ist in dem Umstande zu suchen, dass man mit dem zu Anfang dieses Jahrhunderts saiger niedergebrachten Hauptschachte, der im Granit des Weisszechner Feldes ungefähr 11 Lr. vom Stockscheider angesetzt war, laut Betriebsanzeige, etwa in der Hirtenstollnsohle, plötzlich und wider alles Erwarten den Stockscheider anfuhr.

Genauere Angaben über die Grenzverhältnisse finden sich nirgends; nur darin stimmt man allseitig überein, dass der Umfang des Stockwerkes mit der Teufe ununterbrochen zunimmt. Ich habe früher schon hervorgehoben, dass diese stete Erweiterung auf eine schliessliche Vereinigung des Stockwerksgranites mit dem vom Ziegelsberge hindeutet. In wie weit das für die Erzlagerstätte selbst von Einfluss ist, muss vorderhand dahingestellt bleiben.

Die petrographische Beschaffenheit des Stockwerksgranites, die eigenthümliche Stockscheiderbildung, endlich die Lagerungsverhältnisse der benachbarten Schiefergesteine sind bereits früher möglichst genau beschrieben worden, dagegen ist hier noch ein in bergmännischer Beziehung überaus wichtiger Umstand zu besprechen: **die Zerklüftung oder die Absonderungsverhältnisse des Granites.**

Blöde giebt an (p. 12), dass eine Schichtungsstruktur wohl etwas angedeutet sei, dennoch aber eine bestimmte Regelmässigkeit vermissen lasse. An den Stellen, an welchen sich die Erscheinung noch am deutlichsten offenbart, senken sich nach ihm die scheinbaren Schichten, 4 bis 10 Fuss mächtig, unter 6 bis 10° nach N., an anderen Orten nach SO., wieder an anderen sollen sie „ganz ohne Fallen" sein. Als eine Bestätigung resp. Ergänzung dieser Angaben, die übrigens auch hier für eine kuppelförmige oder concentrische Architectur sprechen könnten, sind die Bemerkungen von Löbel anzusehen. Ihnen zufolge soll der Granit ausser ganz unregelmässiger Zerklüftung eine Art plattenförmiger Absonderung zeigen, vermöge welcher die ganze Masse in Schichten abgesondert ist, die 1 $\frac{1}{2}$ bis 3 Lr. mächtig mit geringer Neigung gegen SO. einfallen.

Beschreibung der Erzlagerstätte. Es wird hierbei die oben angegebene Tölpe'sche Arbeit, deren fast gleichlautendes Original eine Generalbefahrungsregistratur vom 16. und 17. Oktober 1788 ist, zur Grundlage deshalb genommen werden können, weil ihr in allen späteren bergamtlichen Verhandlungen die beste und richtigste Auffassung der Verhältnisse zugestanden wird.

Das ganze Stockwerk wird von unzähligen, $\frac{1}{4}$ bis 4 Zoll mächtigen Gängen durchschnitten, deren Streichen (mit Ausnahme des hangenden Zuges, h. 5—5,4) h. 3,4—4,4, bei 70—80° NW. Einfallen ist.

Diese Gänge, hier **Klüfte** genannt, haben keine kenntliche Ablosung, drücken sich oft bis auf eine kaum sichtbare

Steinscheidung zusammen, werden nicht selten im Streichen und Fallen verschoben, wohl auch zuweilen ganz abgeschnitten, zeigen sich aber in kurzer Entfernung in der vorher gehabten Richtung wieder und setzen unter diesen Umständen, unter einander parallel, im Ganzen genommen durch das Stockwerk hindurch.

Je 3 bis 12 Klüfte sind zu einer Gruppe, einem „Zuge" vereinigt, derart, dass die Gänge eines jeden Zuges 3—10 Zoll von einander entfernt sind. Während daher die Mächtigkeit der verschiedenen Züge zwischen 1 u. 4 Lr. (Tölpe) schwankt, sind andererseits je zwei der unter sich parallelen Züge durch ein 1 bis 4 Lr. (Tölpe) — nach Löbel 2 bis 4,5 Lr. — mächtiges Granitmittel, den „Kamm," von einander getrennt.

Es mag hier beiläufig erwähnt werden, dass Roscher für jeden Zug nur eine Haupt- und viele Nebenklüfte annimmt und dass nach ihm nur jene ein regelmässiges Streichen und Fallen beobachtet, während die Nebenklüfte nach allen Richtungen umherschwärmen, sich oft zertrümmern und wohl auch ganz verlaufen oder auskeilen sollen; die Angabe von Daubrée, nach welcher sich die Gänge einer Gruppe durch Ramifikationen vereinigen sollen, und die erwähnte Charpentier'sche Abbildung stimmen damit überein. Ferner kann nach Blöde (p. 20) bemerkt werden, dass sich die Mächtigkeit schmaler Gänge in verschiedener Teufe selten, die stärkerer Gänge zuweilen aber dadurch verändern soll, „dass diese Nieren machen."

Man kennt bis jetzt überhaupt 19 Züge, über deren Benennung und gegenseitige Lage Tafel II. Aufschluss giebt, auf welcher jene nach Tölpes und Roschers Angaben verzeichnet sind. Indessen nach dem Erstgenannten ist noch zu beachten, „dass höchst wahrscheinlich eine grössere Anzahl vorhanden ist, aber, weil noch kein einziges Ort winkelrecht auf das Streichen dieser Züge durch das ganze Stockwerk getrieben ist und die auf verschiedenen, aus den Lehnbüchern zwar den Namen, aber nicht ihrer Lage nach bekannten Zügen ehedem betriebenen Baue jetzt verbrochen liegen, nicht bestimmt werden kann."

Betrachten wir nun zunächst die räumliche Ausdehnung, speciell die **Ausdehnung der einzelnen Gänge in ihrer Streichrichtung.**

Hier stehen sich zwei Ansichten schroff gegenüber. Der Vertreter der einen ist Tölpe. Nach ihm erreichen alle Gänge ausnahmslos ihre Endschaft auf der Scheidung des Granites und Schiefers, sie sind also lediglich auf den Granit beschränkt. Die alte neptunische Schule war mit einer Erklärung dieser Erscheinung schnell da; nach ihr war ja der in seiner ganzen Masse mit Zinnerz geschwängerte „kegelförmige Granitklumpen" älter als der Glimmerschiefer. Dieser umkleidete ihn erst später, kein Wunder also, dass die Gänge nur im Granit vorhanden waren.

Der Vorkämpfer einer anderen Ansicht war Mohs. Dieser behauptete, dass die Stockwerksgänge auch noch ausserhalb des Granites fortsetzten und dass die Zinnerzgänge im Gneisse der Mühlleithe, „welche mit denen des Stockwerks einerlei Streichen und Fallen haben, dieselben Fossilien führen und ebenfalls in Strömen neben einander aufsetzen," die Gänge des Stockwerks in SW. Fortsetzung seien, während auch für eine NO. Weitererstreckung Spuren alten Bergbaues im Gneisse auf der entgegengesetzten Seite des Stockwerkes sprächen. Diese Ansicht ist mehrfach bekämpft worden, namentlich weil man keine deutliche Fortsetzung der Gänge im Stockscheider wahrzunehmen vermochte (Blöde, p. 23); selbst Daubrée tritt ihr nur theilweise bei, indem er behauptet, dass die Zinnerzgänge zwar in dem Schiefer fortsetzten, in demselben aber sehr arm würden und sich bald auskeilten. Mit dem Verfall des Stockwerks scheint auch die für dessen Zukunft so überaus wichtige Frage in Vergessenheit gerathen zu sein; ich nehme sie wieder auf, weil Aufschlüsse der neueren und neusten Zeit ihre Beantwortung gestatten.

Am westlichen Aussenrande der Binge steht allenthalben Glimmerschiefer an. An einem Felsvorsprunge sieht man deutlich in jenem zwei reich mit Zinnerz imprägnirte Trümer aufsetzen. Wenig südlich von diesem Punkte und kaum 50 Schritt vom Stockscheider entfernt, ist kürzlich ein Bruch im Glimmerschiefer angelegt worden. In demselben fanden sich vier Trümer, in gegenseitigen Abständen von 4 bis 6 Fuss blossgelegt, die bei einer Mächtigkeit von $^1/_2$ bis 3 Zoll, ausser Quarz und Topas, derbes Zinnerz mit viel Arsenkies und Wolfram führten. Das abgenommene Streichen betrug bei zweien 60—65° (h. 4) und bei einem dritten 95°, das Einfallen durchgängig 70—75° NW. Kann man wohl eine bessere Uebereinstimmung mit dem Verlaufe der unmittelbar benachbarten Stockwerksgänge verlangen!

Ein anderes Zwittertrum, ebenfalls im Glimmerschiefer aufsetzend, wurde, nach Angabe des am 12. und 13. März 1839 von F. H. Steeger abgezogenen Risses, ungefähr 80 Lr. vom Stockwerk in SW. überfahren. Dasselbe streicht h. 4,5 und durchschneidet in seiner Verlängerung gerade noch die Südspitze des Stockwerks.

Noch mehr. Denkt man sich die Stockwerksgänge in SW. Richtung noch weiter verlängert, so müssen sie das Geyersche Thal und das rechte Gehänge desselben, das Mühlleither Gebirge, durchschneiden. Genau in dieser verlängerten Richtung (wie schon Mohs hervorhebt) lag die Grube Neue Hoffnung und unmittelbar neben dem verfallenen Schachte derselben ist jetzt ein Steinbruch, gerade auf der Grenze von Glimmerschiefer und Gneiss, angelegt und in diesen beiden Gesteinen finden wir wieder unsere Zinnerzgänge, im Glimmerschiefer genau von derselben Beschaffenheit, wie im Bruch am Bingenrande.

Da endlich auch durch Voss (Naumann, Erläut. p. 490) Zinnerz- und Arsenkiestrümchen im Stockscheider gefunden worden sind, so dürfte es als bewiesen anzunehmen sein: dass die Zinnerzgänge auch durch den Stockscheider hindurch und im Glimmerschiefer weiter fortsetzen.

Wenn schon sich die vorstehenden Untersuchungen nur auf die Gegend SW. vom Stockwerk bezogen, so wird sich doch das durch sie erhaltene Resultat auch auf den NO. gelegenen Distrikt ausdehnen lassen. In der That giebt auch Roscher an, dass hier mit dem Gegenort des Antonienstollns, 48 Lr. vom Granit entfernt, bauwürdige (?) Zinnerzklüfte im Glimmerschiefer überfahren worden seien, während Herr Müller den Zwittergängen ganz ähnliche Quarztrümer, allerdings ohne Zinnerzgehalt, im Schiefer am östlichen Bingenrande auffand.

Zudem möchte ich auch daran erinnern, dass diese Verhältnisse im Allgemeinen nicht befremden können. Man findet Analogieen in Cornwall, woselbst die Zinnerzgänge ebenfalls aus den Granitstöcken in die anlagernden Killas übersetzen. Wiewohl sie sich in den letzteren der Zahl nach seltener finden, so soll doch andererseits ihr Gehalt in den Schiefern ein reicherer sein als im Granit (v. Cotta, Erzlagerstättenlehre, II. p. 477).

Die gewöhnliche Gangbeschaffenheit mit Rücksicht auf die verschiedenen Nebengesteine. Die verschiedenen Wirkungen der drei verschiedenen Nebengesteine auf die in ihnen aufsetzenden Zwittergänge sind so auffällig und so constant, dass es nöthig ist, die Beschaffenheit der letzteren innerhalb eines jeden dieser Gesteine gesondert zu betrachten.

a) Im **Glimmerschiefer** hat man echte Gänge, die zwar mit ihrem Nebengestein fest verwachsen, für das Auge aber scharf von ihm abgegrenzt sind. Einen halben bis 4 Zoll mächtig, werden sie namentlich ausgefüllt durch Gangarten, unter denen Quarz und Topas bei weitem vorherrschen; lichte Glimmerblättchen sind spärlich eingestreut, Turmalin wurde nur ein einziges Mal beobachtet. Der Topas ist zuweilen in kleinen Drusenräumen frei auskrystallisirt.

In dieser, in ihrer Gesammtheit meist weiss oder lichtegelb gefärbten Gangmasse finden sich veränderliche Mengen von derbem, körnigem oder wohl auch krystallisirtem Zinnerz, Arsenkies,[*] seltener von Wolfram. Meist ist die Gangspalte unvollkommen symmetrisch ausgefüllt; das Erz findet sich bald in der Mitte, bald an den Salbändern concentrirt, freilich auch oft in Form von Körnern unregelmässig zerstreut.

---

[*] Dieser Arsenkies gehört einer besonderen Species, dem Geyerit, an, die nach gütiger Mittheilung des Herrn Oberbergrath Breithaupt nicht nur durch ihr hohes Gewicht (6,55), sondern auch durch ihre chemische Zusammensetzung ($Fe\,As^2 + FeS$) charakterisirt sein soll. Nach Behnke enthält der Geyerit 32,92 Fe, 58,94 As, 1,37 Sb und nur 6,07 S.

Von diesen Gängen ausgehende Imprägnationen des Nebengesteins finden sich, wiewohl nur selten, im Steinbruch an der Mühlleithe. Diese Imprägnationszonen oder die hier sogenannten **Ergährungen** verlaufen sich aber dann keineswegs allmälig nach aussen, sondern sie bilden überausfeinkörnige, schwarzbraune Partieen, die neben dem Gange liegen und ihrerseits eben so scharf vom Nebengestein abgegrenzt zu sein scheinen, wie jener selbst.

Dass die in einzelnen Fällen sicher constatirte Bauwürdigkeit der Gänge im Glimmerschiefer im grossen Durchschnitt angenommen werden könne, scheint freilich immer noch zweifelhaft, denn nächst der Höhe des procentalen Zinngehaltes wird sie namentlich bestimmt werden theils durch die Leichtigkeit, theils durch die Nachhaltigkeit der Gewinnung, und gerade auf diese letztere scheint man nicht jederzeit hoffen zu können. Dass aber die Lagerstätten im Glimmerschiefer, zufolge der hier stattfindenden Concentration des Zinnsteins innerhalb schmaler Gangräume, zwar dem Volumen nach kleiner, unter Umständen aber doch dem Gehalte nach reicher sein können, als die entsprechenden des Stockwerksgranites (m. vergl. weiter unten), das geht aus einer Zusammenstellung hervor, die im Kalender für den sächs. Berg- u. Hüttenmann (1830. p. 217 ff.) zu finden und auf deren Grundlage hier die folgende Tabelle berechnet worden ist.

Uebersicht der gewonnenen und aufbereiteten Zwitter und des daraus erhaltenen gerösteten Erzes (Zinnsteins) und metallischen Zinnes für das Jahr 1828.

	Hereingewonnene Gesteinsmasse überhaupt		Daraus erhalten an			
			Pochgängen.	Kiesschlich	Zinnstein.	metll. Zinn.
	Kübel. == Centner.		Kbl. == Ctnr.	Ctnr.	Ctnr.	Ctnr.
Stockwerk.	100	100	100	100	0,77%	0,38%	0,32%
	100	89,3	34,6	37	0,57	0,28	0,19
Mühlleithe.	112	100	38,7	41,4	0,64%	0,31%	0,21%
				100	1,54%	0,76%	0,51%

Anmerk. Die bergmännisch gewonnene Gesteinsmasse betrug innerhalb des Jahres 1828 für das Stockwerk 46440 Ctnr., für die Mühlleithe 26040 Ctnr.

Wenn man also von der roh gewonnenen Gesteinsmasse ausgeht, so kommt der (absolute) Mehrgehalt dem Granit zu, während sich bei Vergleichung des Ausbringens aus den ausgeschiedenen Pochgängen ein (relativer) Mehrgehalt zu Gunsten des Glimmerschiefers herausstellt. Dieses Resultat würde wahrscheinlich noch schärfer hervortreten, wenn man in der Mühlleithe die Zinnerzgänge lediglich nur innerhalb des Glimmerschiefers gewonnen hätte. Dieselben setzen jedoch auch in den hier auftretenden rothen Gneiss über und sollen, wenn auch nur in geringer Menge, auch aus diesem mit ausgehauen worden sein. Da sich nun aber die Gänge im rothen Gneiss ähnlich wie im Granit verhalten, so würde durch den erwähnten Umstand der relative Mehrgehalt der Mühlleither Glimmerschiefergänge noch etwas herabgezogen worden sein. In den älteren Angaben ist leider auf diese Nebengesteinsverhältnisse keine Rücksicht genommen worden.

Zur Vergleichung sei übrigens bemerkt, dass der durchschnittliche Gehalt der Altenberger Zwitter (Pochgänge) etwa 0,33%, der des Zinnwalder Greissens 0,28% beträgt.

b) So wie die Gänge aus dem Glimmerschiefer in den **rothen Gneiss** treten, ändert sich ihre Physiognomie in auffälligster Weise. Die Concentration zu einem scharfbegrenzten Gangindividuum hört auf und statt derselben stellt sich ein Netzwerk von zahlreichen feinen Klüften ein. Von diesen letzteren aus ist das Nebengestein mit Erz imprägnirt. Der Feldspath von jenem verschwindet, mit ihm die Schieferstruktur. Die ursprünglich fleischrothe oder röthlichbraune Farbe des Gesteins wird schwarz oder blaugrau; diese dunkle Färbung geht aber, weil die Imprägnation immer schwächer wird, je weiter sie sich von der Kluft entfernt, ganz allmälig wieder in die ursprüngliche Gesteinsfarbe über.

Die Klüfte sind in der Regel dem Auge nur als feine Linien sichtbar (wohl aber zerspringt das Gestein nach ihnen sehr leicht); selten werden sie breiter, spaltenartig und dann stellen sich auch im rothen Gneiss die schon vorhin genannten Gangarten mit derben Erzpartieen als Ausfüllungsmasse ein. Die Spalten liegen übrigens stets in der Mitte der bis 6 Zoll breiten dunkelfarbigen Imprägnationszonen. Wer erinnert sich hier nicht an das Bild, welches Scheerer (Ueber die chem. u. physikal. Veränderungen krystallinischer Silikatgesteine, 1863) von ähnlichen zinnerzhaltigen Gangtrümern des altenberger Stockwerksgranites gegeben hat!

Allein nicht blos die äusseren Erscheinungen sind gleich, auch die mit ihnen zusammenhängenden chemischen Veränderungen sind für Geyer und Altenberg dieselben. Der Feldspath ist zerstört, statt seiner hat sich Glimmer gebildet, vielleicht auch Quarz ausgeschieden, kurz das Gestein ist **greissenartig** geworden. Anders im Glimmerschiefer. Hier fanden die Fluor- und Chlorverbindungen des Kalciums und Eisens, der Thonerde wie des Siliciums (Scheerer, Daubrée) keinen Feldspath, mit dem sie sich zersetzen konnten. Dieser Umstand musste eine direkte Bildung von Mineralien veranlassen und wirklich sehen wir, dass im Glimmerschiefer allein erdige Gangarten herrschend werden, theils solche, die noch jetzt fluorhaltig sind (Topas, Glimmer, Turmalin), theils solche, die sich aus Fluorverbindungen abscheiden können (Quarz aus Fluorsilicium; Daubrée, Recherches sur la production artificielle, de quelques espèces minérales etc. Compt. Rend. T. XXIX. p. 227. 1849). Nächstdem ist aber auch das Verhalten im Glimmerschiefer und rothem Gneiss gegenüber den der Gangbildung vorausgehenden mechanischen Einwirkungen ein verschiedenes. In jenem bilden sich weite Gangspalten, in diesem nur ein gangartig gruppirtes Netzwerk von Klüften. Die weitere Verfolgung dieses Gegenstandes würde zu weit vom Ziele führen; ich kehre zur Gangbeschreibung zurück, zumal noch die normale Beschaffenheit der Züge

c) im **Stockwerksgranit** näher zu schildern ist.

Im Granit sind, wie erwähnt, die $1/4$ bis 4 Zoll mächtigen, unter sich parallelen Gänge zu Zügen vereinigt. Nach v. Charpentier (p. 205) und Tölpe (p. 983) ist ihre Gangart fast ausschliesslich weisser Quarz. Derselbe ist sehr fest mit dem nebenanliegenden Granit verbunden, „so dass kein Salband oder einige Ablosung, sondern nur ein unmerklicher Uebergang in den Granit zu bemerken ist." Neben dem Quarz findet sich Glimmer, seltenere Gangarten sind Flussspath, Apatit, Topas, Turmalin. Eine ebenfalls seltene Erscheinung sind Drusen (Blöde p. 20).

Die Erze und die metallischen Gangarten überhaupt sind namentlich Zinnerz und Arsenkies (Geyerit), bald derb, bald körnig, bald krystallisirt. Daneben kommen Wolfram und als mineralogische Raritäten Molybdänglanz, Eisenkies und Glanzeisenerz vor. Diese Erze, namentlich aber der Zinnstein, finden sich entweder in der Mitte der Gänge, zuweilen ganz derb und rein, oder sie sind durch den Gang zerstreut und überall eingesprengt (v. Charpentier). Der Gang selbst ist fast jederzeit zu beiden Seiten von Imprägnationen begleitet. Von Charpentier giebt davon folgende Beschreibung (p. 205 ff.): „Was aber den Gängen des geyerschen Stockwerks ganz eigenthümlich ist und sie von allen bisher beschriebenen merklich unterscheidet, ist, dass allemal, wenn die Gänge mit Erz ausgefüllt sind, und nicht aus reinem Quarz allein bestehen, das Nebengestein auf beiden Seiten des Ganges 3, 6, 8 und mehrere Zoll breit ganz verändert ist und aus sogenanntem Zinnzwitter besteht. Man sieht hier nicht das geringste mehr vom Feldspath. Die ganze Masse ist alsdann derber, körniger Quarz, mit inliegenden kleinen Theilchen von Zinnstein, Arsenikalkies und allen den Erzen, die man in dem dazwischenliegenden Gange in grösseren und reineren Theilen findet. Es ist unmöglich (!) die Grenzen aus dem weissen Quarz in den grauen, woraus der Zinnzwitter besteht, und aus diesem wieder in den darauf kommenden Granit zu bestimmen, so unmerklich verläuft sich das eine in das andere. Desto deutlicher aber zeichnet sich der Gang, der anliegende Zinnzwitter und das darauf kommende taube Gestein, der Granit, an der verschiedenen weissen, dunkelgrauen und röthlichen Farbe aus."

Auch Tölpe sagt, nachdem er die Imprägnation des Nebengesteins beschrieben hat (p. 984): „Dasselbe erhält daher auf 2, 3 bis 6 Zoll Breite das Ansehen, als ob es von einer geschickten Malerhand durch eine schwärzlichgraue

Materie geätzt und auf die feinste Manier vertrieben worden wäre." Das sind wieder vortreffliche Beschreibungen des Scheerer'schen Bildes, zumal wenn man berücksichtigt, dass im Vergleiche zum normalen Granit innerhalb der Imprägnationszonen Glimmer reichlich entwickelt ist und dass das Gestein dadurch, abgesehen von den einbrechenden Erzen, eine greissenartige Beschaffenheit erhält.

Das imprägnirte Nebengestein heisst, so lange es ansteht, ein „Strom," losgearbeitet aber „Mahlwerk;" seine Anschwängerung selbst wird „Ergährung der Klüfte oder Gänge" genannt.

Es folgt aus dem Gesagten, dass, weil die einzelnen Gänge eines Zuges zu ihren beiden Seiten von 2 bis 6 Zoll mächtigen Ergährungen begleitet sind und weil ferner je zwei nächstbenachbarte Klüfte nur 3 bis 10 Zoll von einander abstehen, es folgt hieraus: dass sehr oft die Imprägnationszonen der einzelnen Nachbarklüfte in einander verlaufen müssen und dass nun der ganze Zug einer einzigen grossen Imprägnation entspricht.

Die Erzverbreitung im Stockwerk ist indessen noch weit bedeutender; denn das Zinnerz begleitet nicht nur die Trümer und Züge, es zieht sich auch von diesen auf allen den bankartigen oder ganz unregelmässigen Zerklüftungen des normalen Granites — in den tauben Zwischenmitteln oder Kämmen — hin. Diese Erscheinung ist so allgemein, dass Tölpe (p. 189) mit aller Entschiedenheit behauptet, dass „keine einzige Granitlage des Stockwerks, sowohl in als ausserhalb der Nähe der Gänge, ganz zwitterleer sei; aus jedem Stücke könne etwas gesichert werden, sei aber freilich nicht allenthalben kostentragend."

Dass übrigens, wie v. Charpentier mit Wort und Bild angiebt, diejenigen Flötzklüfte, auf denen sich Erz in die Kämme hinauszieht, die Gänge selbst durchschneiden, ist unwahrscheinlich. Nach Maassgabe aller anderen vorliegenden Beschreibungen scheint der Genannte eine allerdings vorhandene Thatsache zu sehr verallgemeinert und auf alle Klüfte übertragen zu haben, während sie nur einigen zukommt.

Die Gesetze der Erzvertheilung im Stockwerk. Ich will im Nachfolgenden versuchen, eine Zusammenstellung der hierüber vorliegenden Beobachtungen und Ansichten zu geben, so vollständig, als dies nach den vorhandenen Quellen möglich ist. Die **allgemeinen Gesetze** der Erzvertheilung, welche man im Stockwerk zu erkennen geglaubt hat, sind folgende.

1) Schichtmeister L ö b e l giebt an, dass nach der allgemeinen Erfahrung die vorzüglichste und ergiebigste Zwitterteufe unter dem Stolln, bei ungefähr 4 bis 5 Lr. beginne, bei 10 bis 12 Lr. unter demselben aber ihre Endschaft erreiche; dass von da an eine mit der Teufe wachsende Gehaltsabnahme zu beobachten sei und dass dieser proportional die Festigkeit des Granites immer grösser werde. Das würde eine sehr hoffnungberaubende Thatsache sein, indessen ich bin geneigt, ihre Existenz, wenigstens in der von L ö b e l angegebenen Weise, zu bezweifeln und zwar einmal deshalb, weil sie, wirklich vorhanden, doch seit langer Zeit hätte auffallen und besprochen werden müssen; ein anderes Mal aber auch deshalb, weil sich der Grubenbetrieb auf eine viel grössere als die oben angegebene Teufe erstreckt hat und weil es nur Mängel der Kunst, also lediglich äussere Ursachen waren, die ihn aus jener zurücktrieben. So sollen, um nur ein Beispiel anzuführen, 1757 wegen schwerköstiger Wasserhaltung Strossen bei 24 Lr. Teufe unter dem Stolln, im Neidharder Grubenfelde, mit einem Durchschnittsgehalte von $1^1/_4$ Ctnr. verlassen worden sein. Auf den Nassküttler und Haussachsen Zügen, sowie auf den 5 ersten hohen Neujahrer Zügen hatte man Abbaue bei ungefähr 30 Lr., auf dem Lange Zeche- oder Hauptzug sogar Abbaue bei 48 Lr. Teufe unter dem Stolln (Roscher).

2) Eine vielfach verbreitete Annahme (Tölpe p. 989, Blöde p. 24 etc.) ist ferner diejenige, dass die Gänge die meiste Veredelung in der Nähe des Stockscheiders zeigen sollen. Dies soll nach Tölpe namentlich auf den Hohe Neujahrer, dem Palmbaumer und auf anderen Zügen stattgefunden haben und noch jetzt aus den daselbst abgebauten grossen leeren Räumen zu erkennen sein.

Man würde diese Erscheinung möglicher Weise als eine Contaktwirkung auffassen können und es würden sich ihr dann manche analoge Fälle zur Seite stellen lassen (Frh. v. Beust, Ueber den Contakteinfluss der Gesteine auf die Erzführung der Gänge, 1861, v. Cotta, Erzlagerstättenlehre II. p. 477, Zinnerzgänge von Bottalack in Cornwall); indessen v. Charpentier bezweifelt die Sache selbst, indem er (p. 206 ff.) sagt: „Man hat sich übrigens, wie ich glaube, noch nicht durch genügende Beobachtungen von dem Vorgeben versichert, dass die Gänge in der Nähe des sogenannten Stockscheiders reicher und mehr mit Erz angefüllt gefunden wurden, als in einiger Entfernung davon: denn sowohl die ehemaligen Baue der Alten, als auch die jetzt noch gangbaren, zeigen ganz deutlich, dass man austrägliche Erze sowohl in der Nähe als auch in der Entfernung des Stockscheiders gewonnen hat; und dass, wenn ja einige Gänge da, wo sie dem schiefrigen Gneiss näher waren, reicher gewesen sind, die Ursache eher in der uns noch unbekannten Erzeugung der Erze, als in dem Stockscheider zu suchen sein möchte."

Ein Gesammtriss des Stockwerks, aus dem die Vertheilung und Grösse der Abbaue zu erkennen wäre, existirt leider nicht und deshalb dürfte die aufgeworfene Frage als eine zur Zeit noch offene und unentschiedene anzusehen sein.

Besondere Gesetze der Erzvertheilung sind die folgenden:

3) Beim Durchschnittspunkte des Lange Zechner- und des Hangenden Zuges soll nach Tölpe (p. 989) eine bedeutende Veredlung stattgefunden haben. Es liegt kein Grund vor, diese vereinzelt stehende Thatsache zu bezweifeln.

4) Die schon früher angedeutete Wirkung der Gesteinsfugen des Granites, der sogenannten Flötzklüfte, ist hier näher zu betrachten, da allgemein zugegeben wird, dass dieselbe auf die lokale Erzführung der Gänge einen wichtigen Einfluss ausübt.

Nach v. Charpentier (p. 206) sind die Flötzklüfte entweder nur offene und wenige Linien breite Spalten (das sind wahrscheinlich diejenigen, welche auch die Gänge selbst durch-

setzen und deshalb nicht ursprüngliche Absonderungsklüfte des Granites, sondern jüngerer Gebilde sind), oder sie sind „durchaus einen Zoll breit und darüber, mit ganz derbem und reinem Zinnstein, nach beträchtlicher Ausdehnung in Länge und Breite, angefüllt, der aber nicht mit dem Granit verbunden ist, sondern eine eigene Ablosung hat."
Ein noch vollständigeres Bild giebt Tölpe. Nach diesem soll zunächst der Erzgehalt der Zwitterzüge selbst abhängig sein von der Stärke der durchsetzten, bankartigen Gesteinslagen, und zwar sollen diese einen besonders vortheilhaften Einfluss bei nur geringer Mächtigkeit (4 bis 20 Zoll), einen weniger günstigen, theilweise sogar ungünstigen aber dann ausüben, wenn sie $1/2$, 1, 2 bis 3 Lr. stark sind. Jedenfalls soll bei Anwesenheit solcher Flötzklüfte öfters, ohne dieselben niemals eine Veredelung eintreten und „alle Zeit gerade der meiste Zwittergehalt über und unter dergleichen Scheidungen, sowohl im Gange und in dessen Nebengestein oder Strömen, als auch im Granitlager selbst" wahrgenommen werden, ja krystallisirter und derber Zinnstein soll sich gewöhnlich nur nahe über und unter den Granitscheidungen finden (p. 983).

Nächstdem ziehen sich aber auch Zinnerz und sein treuer Begleiter, der Arsenkies, auf den Klüften hinaus und dringen von ihnen aus in die Granitbänke selbst ein, so dass diese entweder in ihrer ganzen Stärke oder nur zum Theil — ober- und unterhalb der Flötzkluft — mit genannten Erzen angeschwängert, dadurch aber auf $1/4$ bis 2 Lr. Entfernung von den Gängen oder Strömen aus bauwürdig werden. Man spricht in diesem Falle, im Gegensatz zu den schon früher erwähnten Ergährungen der Klüfte, von einer „**Ergährung der Flötze**" und nennt die reichlich imprägnirten „**frische,**" die ärmeren aber „**taube, glauche** oder **Kiesflötze.**"

In den letztgenannten sollen, wie Tölpe berichtet, die Züge auf ansehnliche Teufe und Länge zwar Zwitter geführt haben, dieselben sollen aber nicht bauwürdig gewesen sein, auch sollen einige dieser bis 15 Lr. mächtigen Kiesflötze, unverbürgten Gerüchten nach, durch das ganze Stockwerk hindurchsetzen und eine Verunedlung der Gänge bewirken.

5) Ein anderweiter Zusammenhang soll zwischen dem Erzgehalte der Gänge und dem der sie begleitenden Ströme oder Imprägnationszonen bestehen, indessen hier gehen die Meinungen wieder auseinander. Denn während v. Charpentier angiebt, dass sich nach der Güte des Zinnsteins in den Gängen gemeiniglich auch der Gehalt des anliegenden Zinnzwitters richten soll und dass Imprägnationen nur dann stattfinden, wenn der Gang selbst Erz führt und nicht bloss aus reinem Quarz besteht, so ist nach Blöde (p. 20) die Imprägnation da stärker, wo die Gänge schmal und der Zinnstein eingesprengt vorkommt, schwächer aber da, wo die Gänge mächtiger und wo sie zinnsteinhaltiger sind. Auch hier fehlt jedes eigene Urtheil wegen Mangel an Beobachtung.

6) Verunedelungen der Gänge sollen nach Tölpe bei übersetzenden Klüften, die zwischen h. 7 bis 12 streichen, stattgefunden haben und soll man fast bei jeder Befahrung der Grube Gelegenheit gehabt haben, sich hiervon zu überzeugen (p. 989).

7) Endlich führt noch Roscher an, dass Glimmer veredelnd wirke, Quarz aber den entgegengesetzten Einfluss ausübe. Dies würde mit einem in Zinnwald sehr gewöhnlichen Verhältnisse vollkommen übereinstimmen. Die Erscheinung kann auch nicht befremden, da wir den Glimmer als ein Produkt der mit der Gangbildung innig verbundenen chemischen Processe entstehen sehen und wohl annehmen können, dass gerade da, wo diese besonders energisch wirkten (also da, wo viel Glimmer gebildet wurde), auch Zinnerz reichlich abgesetzt wurde.

Aus allen diesen Betrachtungen geht hervor, dass ein durchgreifendes Gesetz über die Erzvertheilung im Stockwerk nicht existirt oder wenigstens, dass es zur Zeit noch nicht bekannt ist.

Von lokalem Einfluss auf die Art und Weise des Betriebes sind nur die Ergährungen der Flötze geworden. Durch diese kann es herbeigeführt werden, dass — ähnlich wie zwei Gänge eines und desselben Zuges durch Ergährungen in einander übergehen können — auch zwei Gangzüge selbst durch reichliche Imprägnation des zwischen ihnen liegenden

Kammes in einander verfliessen und nun, mit dem letzteren zugleich, in ihrer Gesammtmächtigkeit bauwürdig werden. In diesen Verhältnissen ist der Grund für die Entstehung der mächtigen Weitungsbaue zu suchen, die, zum Theil bis 20 Lr. breit und ebenso hoch (Tölpe 1012) im Laufe des Stockwerksbetriebes so gefahrbringende und nachtheilige Folgen herbeiführen sollten.

Der rothe Fall. Es bleibt noch übrig, eines letzten Ganges zu gedenken, der im Stockwerk aufsetzt, von den Zwitterzügen aber durch seine Ausfüllungsmasse, wie durch seinen graphischen Verlauf verschieden ist; es ist dies der rothe Fall. Derselbe streicht h. 6 bis 7, fällt 60 bis 80° in S.,* ist $1/4$ bis 2 Lr. mächtig, zeigt dabei an den Salbändern lettigen Besteg und feiges Nebengestein und ist, wie namentlich auf dem Hirtenstolln deutlich wahrzunehmen gewesen sein soll, im Hangenden und Liegenden von Klüften aller Art begleitet. Mit seiner ganzen Mächtigkeit setzt er gegen O. und W. unverrückt über den Stockscheider hinaus in das Schiefergebirge und soll sich, besonders gegen W., 100 bis 200 Lr. weit über Tage verfolgen lassen. Er besteht im Schiefergebirge aus Quarz, rothem, eisenschüssigen Letten und aufgelöstem Glimmerschiefer, im Granit dagegen aus vielem, z. Th. krystallisirten Quarz (Haubenquarz), rothem Hornstein und aufgelöstem Granit. Oft sollen sich bedeutende Drusenräume in ihm finden. Wahrscheinlich entstammen diesem Gange die grossen Quarzblöcke mit eingeschlossenen Schieferfragmenten, welche man in grosser Menge, NO. vom Stockwerk, in den Feldern bis an den Greifenbach hin, von da an aber noch vereinzelt bis in die Gegend von Ehrenfriedersdorf (längs der alten Geyer-Ehrenfriedersdorfer Strasse) findet.

Der rothe Fall ist entschieden jünger als die Zwittergänge. Er durchschneidet sie alle, ohne dabei eine besondere

---

*) Ein südliches Fallen giebt v. Weissenbach an (Gangstudien, Bd. I. Tab. I.); andere Beobachter sind der entgegengesetzten Ansicht, bezüglich der Streichrichtung stimmen indessen Alle überein.

Einwirkung auf sie auszuüben. Tölpe (p. 992) giebt allerdings an, dass die Klüfte zuweilen vom Kreuzpunkte $1/4$ bis $1/2$ Lr. zurück etwas zinnreicher werden sollen, ich möchte indessen hierin bei der an sich höchst veränderlichen Erzführung der Zwittergänge etwas rein Zufälliges sehen. Der graphische Verlauf der letzteren bleibt ganz ungestört; die Zinnklüfte setzen in derselben Richtung, in welcher sie sich auf der einen Seite anscharen, auf der anderen wieder fort und nur zuweilen sollen sie etwas gegen Abend oder Morgen verrückt sein (Tölpe, p. 992).

Am NW. Rande der Binge soll endlich noch ein Amethystgang aufsetzen. Einzelne Amethyststücken wurden auch gefunden, Weiteres liess sich indessen nicht beobachten, da der genannte Punkt zur Zeit ganz verrollt war.

Rückblick und Folgerungen. Ueberblicken wir die geschilderten Verhältnisse noch einmal in ihrer Gesammtheit, so ergiebt sich zunächst, dass die Benennung „Stockwerk," wie dies auch schon im Jahre 1778 v. Charpentier hervorgehoben hat, im streng geognostischen Sinne des Wortes für unsere Erzlagerstätte nicht anwendbar ist. Es liegt vielmehr ein vielgliedriger Gangzug vor, dessen einzelne Individuen von Imprägnationen begleitet werden. Ziehen sich diese letzteren weit genug fort, um mit denen des nächsten Zuges zusammenzutreffen, so wird dadurch allerdings zuweilen eine Bauwürdigkeit der Gesteinsmasse in ihrer Gesammtheit und im Zusammenhange damit eine stockwerksartige Gewinnung veranlasst werden können.

Es würde hier, gemäss dem am Eingange dieses Capitels aufgestellten Grundsatze, noch die Entwickelung einer Theorie über die Bildungsgeschichte der Geyer'schen Zinnerzlagerstätten zu geben sein: ich sehe indessen hiervon ab, da dieselbe im Wesentlichen nur auf eine Zusammenstellung der bekannten Arbeiten von Daubrée und Scheerer hinauslaufen würde. Dennoch scheint es geboten, wenigstens auf einen Punkt, der hiermit zusammenhängt, wenn auch nur in der Kürze einzugehen.

Es ist bekannt, dass ein gewisser innerer Zusammenhang zwischen mehreren Gesteinseruptionen und der Bildung von Erzlagerstätten zu bestehen scheint; sei es, dass jene nur Bodenerschütterungen und Zerspaltungen veranlassten und dadurch an und für sich selbstständigen Prozessen die Möglichkeit zu einer Gangbildung verschafften, oder sei es, dass sich im unmittelbaren Gefolge der hervorbrechenden Gesteine und im innigen Zusammenhange mit ihnen metallhaltige Dämpfe entwickelten, die, als jene erstarrten, sich sublimirten, oder dass Quellen hervorgerufen wurden, die Material absetzten und das Nebengestein oder Gangspalten mit Erzen schwängerten; es ist ebenso bekannt, dass dieser Zusammenhang, diese Paragenesis im grossartigsten Maassstabe, vornehmlich zwischen den granitischen Gesteinen und den Zinnerzlagerstätten zu bestehen scheint. Zu Geyer und zu Altenberg, zu Zinnwald und am Auersberg, in Cornwall, in der Bretagne, wie in Westindien (Banka, Karimon, Billiton) überall finden sich die Zinnerze in der Nachbarschaft von Granit und Greissen, überall unter verwandten Verhältnissen, stets begleitet von denselben Mineralien. Elie de Beaumont steht aus diesem Grunde nicht an, die Zinnerzlagerstätten „die ersten Fumarolen der Granite" zu nennen. Die Thatsache selbst lässt sich nicht bestreiten.

Auch die Bildung der Geyerschen Zinnerzlagerstätten wird daher im Allgemeinen mit der des Granites verknüpft sein, dennoch bewahren sich jene gerade hier, wenigstens in räumlicher Ausdehnung, einen ziemlich selbstständigen und unabhängigen Charakter. Derselbe tritt namentlich dann hervor, wenn man berücksichtigt, dass die einzelnen Gänge nur etwa 60 bis 80 Lr. im Granit, ausserhalb desselben aber noch mehrere hundert Lachter weit im Glimmerschiefer und rothem Gneiss aufsetzen und dass sie in allen drei Gesteinen dasselbe Streichen und Fallen beibehalten.

Ihre allgemeine genetische Abhängigkeit vom Granit zugegeben, kann es möglicher Weise in ganz zufälligen Umständen begründet sein, dass sie auch gerade durch dessen Kegel mit hindurchsetzen; man würde den Granit auch dann noch als Erzbringer ansehen dürfen, wenn die Gänge nur überhaupt in seiner Nachbarschaft aufsetzten. Ich würde diese Betrachtungen ganz unterlassen haben, wenn nicht im Zusammenhange mit ihnen eine für die spätere Zukunft des Geyerschen Bergbaues unendlich wichtige Frage auftauchte, diejenige nämlich, ob denn das ganze vorliegende Gangsystem lediglich nur aus denjenigen 19 Zügen besteht, die durch den Granit hindurchsetzen, oder ob es nicht weit vielgliedriger ist, als man bisher annahm? Behaftet mit dem Vorurtheile, dass die Zinnerze ausschliesslich nur innerhalb des Granitkegels vorhanden seien, hat man nie das dem letzteren benachbarte Gebirge im Kreuzstreichen der Gänge untersucht. Die aufgeworfene Frage kann daher mit Sicherheit zur Zeit nicht beantwortet werden, dennoch liegt eine günstige Antwort auf dieselbe keineswegs im Bereiche der Unmöglichkeit, ja ich muss gestehen, dass ich es geradezu für viel merkwürdiger und räthselhafter halten würde, wenn der im Streichen weit über den Granit ausgedehnte Gangzug dennoch in seiner Gesammtmächtigkeit gerade nur der Breite des Granitkegels entspräche. Oder können denn nicht die Züge, ebenso wie sie im Streichen aus dem Granit in den Schiefer übersetzen, dies auch im Fallen thun und können sie sich dann nicht in oberen Regionen neben dem Granit hinziehen?

Diese Betrachtungen, wiewohl rein theoretischer Natur, sind im Verein mit den früher geschilderten Thatsachen dennoch geeignet, die Ansichten über die Natur und Verbreitung der Geyerschen Zinnerzlagerstätten bedeutend zu erweitern, sie würden vielleicht eine Berücksichtigung verdienen, wenn jemals das Project einer Wiederaufnahme des über 400 Jahre alten, seit einigen Decennien aber ganz darniederliegenden Geyerschen Bergbaues entwickelt und in Ausführung gebracht werden sollte. Dass dies, wie im Interesse der Gegend zu wünschen wäre, bald geschehe, dazu fehlen leider alle gegründeten Aussichten, da fast unüberwindliche Schwierigkeiten anderer Art sich hindernd entgegenstellen. Auf diese näher einzugehen, liegt hier ausserhalb des Zweckes.

IV.

Bemerkungen über die Paragenesis auf Zinnerzgängen.

Als Anhang an das Vorstehende mögen noch einige Bemerkungen über die Paragenesis auf Zinnerzlagerstätten hier Platz finden.

Der scharf ausgesprochene mineralogische wie geologische Charakter dieser letzteren ist bekannt. Im Wesentlichen überall gleiche Bildungszustände und übereinstimmende Bildungsprocesse haben es veranlasst, dass die Zinnerzlagerstätten, wenn man sich dieses bildlichen Ausdruckes bedienen darf, aller Orten aus einem und demselben Guss hervorgegangen zu sein scheinen, während andere Lagerstätten, namentlich diejenigen, welche im Allgemeinen durch geschwefelte Erze charakterisirt sind, das Resultat einer ganzen Reihe der verschiedenartigsten Processe zu sein scheinen und deshalb eine unendliche Mannichfaltigkeit, fast möchte man sagen, Gesetzlosigkeit, zur Schau tragen. Das stereotype Bild, welches uns die Zinnerzlagerstätten zeigen, und welches auf einfache, wenig differenziirte Entwickelungsgesetze schliessen lässt, 'musste die Möglichkeit einer befriedigenden Erklärung ihrer Bildungsgeschichte wahrscheinlicher machen als für jeden anderen Fall: es musste zu Forschungen in dieser Richtung auffordern und wirklich sehen wir auch, dass diese in keinem anderen Gebiete so genügende Resultate gegeben haben, als gerade hier.

Die auf Zinnerzlagerstätten coexistirenden Mineralien sind bekannt. Es sind zum grössten Theile entweder noch jetzt fluorhaltige oder solche Mineralien, die auf experimentellem Wege durch Zersetzung von Fluorverbindungen künstlich haben dargestellt werden können. Herderit, Fluellit und Prosopit finden sich nur auf Zinnerzlagerstätten. Quarz, Topas,

Flussspath, Apatit und fluorhaltiger Glimmer, sowie in ihrer Begleitung Zinnerz, Glanzeisenerz und Wolfram wird man selten vermissen. Eine Reihe von Zersetzungsprodukten, die hier weniger in Betracht kommen, schliesst sich an. Ganz lokal drängen sich allerdings auch einige andere Mineralien in die eben angeführten ein und machen das Bild scheinbar complicirter, aber in der That nur scheinbar, denn man wird dann bei unparteiischer Nachforschung bald finden, dass sie den Zinnerzlagerstätten nicht ursprünglich angehören, sondern dass sie lediglich sekundäre Produkte und von jüngeren Gängen aus eingewandert sind. Das wird namentlich da möglich gewesen sein, wo, wie in Ehrenfriedersdorf, inmitten des Verbreitungsgebietes der Zinnerzlagerstätten und nachdem deren Bildung längst abgeschlossen war, neue Gangspalten aufrissen und neue Prozesse in Thätigkeit traten, durch diese aber wesentlich andere Gangformationen entwikkelt wurden. Auf Gangkreuzen kann man dann Handstücken sammeln, die z. B. die charakteristischen Mineralien der Zinnerzgänge und die der jüngeren silbererzführenden Schwerspathgänge gleichzeitig enthalten (Ehrenfriedersdorf). Aus diesem Grunde darf man Oligonspath, Schwerspath, gewisse Flussspäthe, Uranglimmer, Lirokonit, Olivenit, Zinkblende, Eisenkies, Kupferkies, Fahlerz, Bleiglanz, Wismut (?) u. a. Mineralien, die auf Zinnerzgängen allerdings gefunden worden sind, als seltene und später eingedrungene Gäste von der folgenden Betrachtung ausschliessen. Auch Breithaupt erkennt ihre Zugehörigkeit zu anderen, jüngeren Formationen an (Paragenesis der Mineralien, p. 143, 145 und 147). Nur Kupfererze scheinen in manchen Distrikten (Seifen im Erzgebirge, Cornwall) in einem gewissen inneren Zusammenhange mit den Zinnerzgängen zu stehen, da ein und dieselbe Lagerstätte in oberen Teufen Zinnerze, in unteren Kupfererze führen soll oder umgekehrt. Leider sind diese Fälle noch sehr wenig untersucht und die vorhandenen Beschreibungen über die thatsächlich bestehenden Verhältnisse mehrfach im Widerspruch mit einander.

  Dagegen ist ein Beispiel von Zinnwald, das Breithaupt p. 146 unter No. 3 aufführt, interessant und lehrreich.

Die beobachtete Succession ist Quarz, Phengit, Bleiglanz und Zinnkies. Da nun Bleiglanz ein jüngeres und der Lagerstätte ursprünglich fremdes Gebilde ist, so muss das auch der ihm aufsitzende Zinnkies sein, ein Beweis, dass das Schwefelzinn haltende Mineral mit der ursprünglichen Bildung der Zinnerzlagerstätten nichts gemein hat, sondern ein sekundäres Gebilde ist.

Scheidet man nun die oben angeführten, sporadischen Vorkommnisse aus, so bleibt eine Gruppe von Mineralien übrig, die zwar der Zahl nach klein, im übrigen aber für Zinnerzlagerstätten so charakteristisch ist, dass man aus dem Vorhandensein einiger auf die Coexistenz der anderen mit gewisser Zuversicht schliessen kann. Indessen, es ist nicht nur diese Coexistenz, welche, wie schon angedeutet, zuerst und lediglich auf Grund der thatsächlichen Beobachtung für diesen engeren Kreis von Mineralien verwandte Bildungsverhältnisse anzunehmen aufforderte,* sondern es ist auch die Paragenesis, die zeitliche und reihenweise Entwickelung dieser Mineralien, welche eine überaus merkwürdige Constanz erkennen lässt. Es scheint der Sache werth zu sein, auf diese bisher unbeachtet gelassene Thatsache einen Blick zu werfen.

In seiner Paragenesis, einem Werke, das einer neuen Forschungsrichtung die Bahn vorzeichnete, beschreibt Breithaupt (auf Seite 141 bis 147) 66 Fälle, in denen er eine

---

*) eine Annahme, die durch Daubrée's Experimente eine so schöne Bestätigung gefunden hat, m. vergl.

Sur la gisement, la constitution et l'origine des amas de minerai d'étain, Ann. des mines, III. Bd. XX. p. 65 &c. 1841.

Recherches sur la production artificielle de quelques espèces minérales, cristallines, particulièrement de l'oxyde d'étain, de l'oxyde de titane et du quartz; observations sur l'origine des filons titanifères des Alpes. Compt. Rend. T. XXIX. p. 227. 1849.

Sur la production artificielle de quelques espèces minérales cristallines, particulièrement de l'oxyde d'étain, de l'oxyde de titan et du quartz. Compt. Rend. T. XXX. p. 383. 1850.

Sur la production artificielle de l'apatit, de la topaze et de quelques autres minéraux fluorifères. Ann. d. min. IV. T. XIX. p. 684. 1851.

Paragenesis hierher gehöriger Mineralien beobachten und feststellen konnte. Davon kommen 26 auf Ehrenfriedersdorf, 11 auf Schlaggenwalde, 3 auf Graupen, 13 auf Altenberg, 1 auf Marienberg, 5 auf Zinnwald, 3 auf Graupen, 3 auf Cornwall, 1 auf Onon in Sibirien. Ich kann noch folgende 9 Fälle anführen, mit dem Bemerken, dass die bei denselben unter einer Nummer erwähnte Successionsreihe z. Th. an mehreren Stücken zu beobachten war.

Die Originale sind im Besitz der geographischen Sammlung der Freiberger Akademie.

A. Ehrenfriedersdorf.

1) Quarz, Zinnerz, Glanzeisenerz, Flussspath.
2) Quarz, Zinnerz, Chlorit, Flussspath, thonige Gangmasse.
3) Zinnerz, Arsenkies, Nakrit, Flussspath.
4) Zinnerz, Arsenkies, Topas, Flussspath.
5) Wolfram, Topas, Molybdänglanz (?).

B. Geyer.

6) Quarz, Zinnerz, Arsenkies.
7) Quarz, Topas, Molybdänglanz mit Arsenkies, letzterer von unbestimmter Stellung.
8) Zinnerz, Nakrit, Flussspath.
9) Zinnerz, Wolfram (?), Phengit, derber Quarz.

Ehrenfriedersdorf mit 31 Fällen bietet die grösste Manichfaltigkeit; fast alle an anderen Orten gefundenen Glieder der Zinnerzformation kommen auch hier vor. Versucht man nun, die von der erstgenannten Lokalität vorliegenden 31 Successionen in eine Reihe zu verschmelzen, derart, dass jeder einzelne Fall in derselben enthalten ist und dass aus ihr jede einzelne Succession sofort in der beobachteten Art und Weise erhalten werden kann, wenn man nur die nicht vorhandenen Mineralien einfach weglässt, so ergiebt sich das in der That höchst interessante Resultat, dass sich eine solche Reihe nicht allein für Ehrenfriedersdorf aufstellen lässt, sondern dass ihr auch die 44 von anderen und z. Th. weit entlegenen Lokalitäten beobachteten Successionen auf das allervortrefflichste entsprechen. Das muss zu weiteren Beobachtungen in dieser Richtung auffordern. Stimmen auch diese überein, so ergiebt sich, dass die Entwickelung der Mineralien auf Zinnerzlagerstätten in folgender Aufeinanderfolge (welche zugleich die nur besprochene Reihe vor Augen führt) von Statten gegangen ist:

Quarz, Zinnerz, ein Arsenkies (Plinian, Geyerit, Glanzarsenkies oder gemeiner Arsenkies), Beryll, Ferrowolframit, Topas, Phengit, Molybdänglanz, Herderit, Apatit, Scheelspath, Chlorit, Flussspath, Scheelspath, Quarz (oft in feinen Krystallrinden), Gilbertit, Scheelspath, Steinmark. Am Ende dieser Reihe sind noch Skorodit und Pharmakosiderit zu erwähnen.

Hieraus ergiebt sich aber Folgendes:

1) Bei dem Entwickelungsprocesse der Zinnerzlagerstätten fanden keine Wiederholungen statt; jedes Mineral tritt nur ein Mal und zwar an einer ganz bestimmten Stelle auf, Beryll z. B. zwischen Zinnerz, als älterem, und Ferrowolframit als jüngerem Gebilde.

Eine Ausnahme macht Quarz, der an einzelnen Stücken zu Ehrenfriedersdorf und Altenberg in der Nähe von Flussspath ein zweites Mal beobachtet wurde; da er hier indessen in vier von den beobachteten fünf Fällen (Breithaupt, Ehrenfriedersdorf No. 10 u. 23, Altenberg No. 6 u. 9, so wie oben unter No. 9) die vorliegende Reihe schliesst, so kann er auch als nachträgliches Gebilde* angesehen und desbalb in der Folge weggelassen werden. Eine zweite Ausnahme macht Scheelspath, indessen auch die periodische Bildung von diesem kann nicht befremdend sein, wenn man ihn, der allgemeinen Ansicht folgend, als ein Zersetzungsprodukt des Wolframs ansieht;** sie beweist dann nur, dass diese Um-

---

*) Diese Anschauung als richtig angenommen, kann es dann auch nicht befremden, Einschlüsse in manchem Quarz zu finden, welche sonst die Richtigkeit der aufgestellten Reihe in Zweifel setzen würden; ich erwähne beispielsweise die Einschlüsse von Flussspath in Quarz von Zinnwald (nach Blum), die von Phengit in Quarz, von demselben Fundorte (nach eigener Beobachtung).

**) Dass Scheelspath auch primärer Bildung sein kann, hat Zschau (Allg. deutsche naturh. Zeit. II.) nachgewiesen. Dann tritt

bildung schon während der Entwickelung der Formation selbst von Statten ging.

2) Quarz eröffnet ausnahmslos die Reihe.

3) Zinnerz folgt ihm unmittelbar (exclus. 2 Fälle, Breithaupt, Marienberg No. 1. und Zinnwald No. 1.)

4) Hierauf folgen merkwürdiger Weise zu Geyer und Ehrenfriedersdorf Arsenkiese; für Ehrenfriedersdorf sind sie nach 7 Beispielen (Breithaupt, unter No. 1, 8, 9, 10, 11 und 12, sowie oben unter No. 4) älter als Ferrowolframit und wo dieser fehlt, als Topas. Von anderen Lagerstätten wird Arsenkies nur einmal von Schlaggenwalde angeführt, ohne dass eine Einreihung möglich ist.

Die ganze Erscheinung ist ungemein befremdend, weil Arsenkies denn doch unzweifelhaft als ein, seiner Genesis nach der Zinnerzformation fremdes Produkt anzusehen ist und dennoch mitten zwischen deren Mineralien auftritt. Fast scheint es, als wären an den nur genannten Orten die Bildungsprozesse der Zinnerzgänge auf einige Zeit unterbrochen worden und als hätte sich während dieser Pause Arsenkies entwickelt.

5) Als Altenberger Vorkommen ist zu erwähnen, dass vor Flussspath zuweilen Glanzeisenerz mit etwa gleichaltem jüngeren Quarz auftritt. Meist fehlen dann alle Mineralien zwischen dem ersten Quarz und dem Flussspath und da Breithaupt beobachtet hat (p. 141), dass sich Glanzeisenerz und Zinnerz gewissermassen ausschliessen, so ist jenes vielleicht als gleichalter Vertreter von diesem anzusehen (exclus. 2 Fälle, Breithaupt, Altenberg No. 6, und oben unter No. 1.)

6) Die oben angegebene Reihe wird noch einfacher, wenn man die Zersetzungsprodukte (Scheelspath, Gilbertit, Steinmark) und den nur lokal aufgefundenen Chlorit weglässt. Sie gestaltet sich dann wie folgt:

er aber unter Verhältnissen auf, die denen der Zinnerzlagerstätten gänzlich fremd sind.

Quarz. Zinnerz. (Arsenkies.) Beryll. Ferrowolframit. Topas. Phengit. Molybdänglanz. Herderit. Apatit. Flussspath.

Ich wiederhole es, 75 Fälle stimmen hiermit überein. Weitere Beobachtung muss es lehren, ob dies, wie man anzunehmen sich nur schwer entschliessen könnte, etwas rein Zufälliges ist.